次はこうなる

2023年

相場研究家
市岡繁男

目　次

謝辞
本書の出版にあたって、20年来、ずっと応援して下さった
末村篤氏、松原秀一氏、快く原稿の推敲を引き受けて下さっ
た高橋岳二氏、山岸徳人氏、そして経済ジャーナリストの
細田孝宏氏、週刊エコノミスト編集部の皆様に改めて感謝
を申し上げます。

市岡ワールドへ、ようこそ！

　著者との出会いは、私が雑誌編集（「日経ビジネス」）の仕事を終え、新聞記者（「日本経済新聞」）に復帰して暫く経った1995〜96年頃だったと思う。私の署名記事を読んだ市岡さんが手紙をくれ、会うことになった。住友信託銀行に勤務していた市岡さんが「僕はエリオットの波動理論に興味がある」と語っていたのを覚えている。私の名刺の肩書きは証券部次長兼編集委員だったが、相場に関心が薄く、知識もなく、初対面の印象は「この人は罫線屋（チャーチスト）さんなんだ」という程度のものだった。

　それから四半世紀を越す付き合いになる。私は定年と同時に記者稼業を廃業して無為徒食の生活に入って久しいが、市岡さんは資金運用や市場調査のプロとして、信託銀行を皮切りに、長期信用銀行、都市銀行、投資顧問会社、損害保険会社、生命保険会社を渡り歩き、中前国際経済研究所でリサーチャー兼アシスタントエコノミストを務めて独立し、今も相場観測の第一線で活躍している。

　日経新聞でサラリーマン記者を40年経験しただけの自

分とはかけ離れた職歴から、いかなる組織にも馴染まず、群れず、妥協しない、一匹狼という通り一遍の人物像を想像していた。しかし、時間の経過とともに、初対面の印象に残ったテクニカル分析への関心は一面に過ぎず、関心の本丸は人間の歴史であり、歴史の集約としての相場そのものへの関心なのだろうと思うようになった。

　感心するのはアンテナを張る領域の幅の広さだ。インターネットを渉猟して収集した内外の政治、経済、社会現象に関する資料、データ、文献、個人や機関による経済・相場観測、果ては占星術からウォッチしている評論家の講演の追っかけ聴講まで、コンテンツは膨大な量に及ぶ。市岡さんの仕事の最大の特徴は、資料やデータの情報の収集からグラフ等の図表作成の情報の加工・処理までを独りでやり切るところにある。手間隙かけて拾い集めた情報の、手間隙かけた手作りの加工・処理によって、素材自体は公開情報でありながら、オリジナルな分析と相場観測を発信する、独立自営の独りシンクタンクが成り立っている。

　経済分析の仕事の厳しさについて、記者時代にエコノミストの吉野俊彦さんから聞いた話を思い出す。吉野さんは本業である日本銀行職員と作家（森鴎外研究）の二重生活に疲れ、日銀を辞めようとした時、戦前の東洋経済編集長で評論家として活躍していた高橋亀吉氏に「統計、資料の

調査、整理を一人でやるのは気の遠くなる作業だ。組織を離れてエコノミストの仕事を続けるのは並大抵ではない」と諭され、独立を思い止まったという。吉野さんは日銀退職後も山一証券経済研究所に籍を置き、二足の草鞋を履き続けたが、晩年は「宮仕の身だと会社の立場を忖度して、言いたいことを言えない不自由もある」と言っていた。

市岡さんはあらゆる組織から自由な立場で、発言、発信する個人事業主である。株式相場への言及が多いが、債券、原油から穀物、貴金属に至る商品相場まで守備範囲が広く、筋金入りの金（ゴールド）アナリストの顔を持つ。市岡流相場観測の陰のテーマは金と言ってよく、私は密かに"唯金主義者"だと思っている。金への関心は自認する悲観論者ゆえと想像するが、かつて感じられた恐慌待望論は洗練され、随分マイルドになった。単に、歳を取って丸くなったというより、相場はパニックで終わりではなく、その先を読もうとするようになったからだと思う。

相場はデータに裏付けられた歴史そのものであり、歴史と同様、相場にも終わりはない。この姿勢の変化は、この先どうなるのかを考えることが三度の飯より好きな人間が行き着いた到達点なのだろう。古今東西、森羅万象に渡る人間の営みを映し出す鑑（かがみ）としての相場を相手にする「相場研究家」の面目躍如である。

そう考えると、「次はこうなる」という本書のタイトルは含蓄に富み、よく考えられたものに思えてくる。一本一本のトピックはそれぞれに面白く有意義な読み物だが、当然ながらパッチワークである。それらを再構成して一冊の本にまとめたものを眺めていると、著者が意図するように、ジグゾーパズルのピースが埋め込まれて一つの絵が浮かび上がるのをイメージすることができるような気がする。

　読者は、相場研究家のオーナーシェフが内外の老舗レストラン（金融機関、研究所）で武者修行する間に習得、蓄積した調理技法を縦横無尽に駆使し、時空間を自在に往来して収集した古今東西、森羅万象の素材を用いて、悲観論で味付けした相場観測のメニューを手にしている。この隠れ家レストランが「市岡ワールド」である。市岡ワールドを訪れた読者は、シェフが振る舞う「次はこうなる」という自慢の創作料理を、舌鼓を打って堪能すれば良い。

2022年11月

元日本経済新聞記者

末村　篤

はじめに
「世界的規模の幕末化」が進行している

　前著を通じて読者の皆様にお伝えしたかったことは、背表紙に記した「世界的幕末が到来！グローバルな政治経済システムの大変革期に突入」というものでした。その後、ウクライナ戦争という事態が発生してインフレが加速。筆者が想定した「金利の上昇とともに長らく続いた安定の時代は終わり、これから2030年に向けて非常識な変化が起きる」という状況が明らかになりつつあります。

　本書では、この1年間に書いた週刊エコノミスト誌連載コラム「グラフの声を聞く」、およびネット媒体のJBpressに執筆したコラムについて、テーマ毎に並べ替え解説を加えました。また掲載グラフは2022年10月時点で入手可能なデータでアップデートしています。

　これからの世の中はこれまで以上に「非常識」な変化が起きることでしょう。2023年は地政学的な緊張の高まりとイ

ンフレの激化で世界恐慌レベルの混乱が起きても不思議は
ありません。さらに翌24年はウクライナ戦争がエスカレー
トして、第三次世界大戦に突き進むのではと心配していま
す。

　この著書では、古今東西の各種データをもとに作成した
134枚のオリジナルグラフ、そして私がこれまでチェック
してきた内外の新聞・雑誌・書籍や聖書のポイントも引用
しました。波乱の時代において、当書が読者の皆様が先行
きを考えるうえでのヒントとなれば筆者として望外の喜び
です。

<旧約聖書：コヘレトの言葉　新共同訳>
かつてあったことは、これからもあり、かつて起こっ
たことは、これからも起こる。太陽の下、新しいもの
は何ひとつない（01:09）。見よ、これこそ新しい、と
言っても、それもまた、永遠の昔からありこの時代の
前にもあった（01:10）

2023年の大胆予測

　2023年は世界的に、より不安定で混沌した状況になり、政治・経済・軍事、そして自然界も激動する「世界的規模の幕末化」が進行すると思います。相場に関して言えば、地政学的な緊張と債務問題の激化に伴い、あらゆる市場で価格が乱高下することになるでしょう。つまり、ピンチとチャンスが混在する状況になるということです。

1、【基本シナリオ/全体観】

　ウクライナ戦争は更に激化し、ロシアはNATOと一触即発の状態に陥る。中東でも核開発を進めるイランとイスラエルの間で緊張が高まる。このため原油は過去最高値を更新しインフレが深刻化する。

　金利上昇と景気悪化に耐え切れず、欧州を震源地とする金融危機が勃発する。これに対し、各国中央銀行はプリンティングマネーで危機を封じ込めようとするので、インフレが止まらなくなる。債券は買い手がつかなくなる一方で、その資金が原油や貴金属、穀物になだれ込み、商品相場は極端な動きとなる。

株式は一年の大半は下がるものの、晩秋からはインフレヘッジとしての側面が評価され、上がっていく。欧州や日本などロシア周辺国のお金は米国に逃避し、ドルは更に高くなる。

2、【債券（金利）】

　インフレの激化で債券は世界的に暴落する。なかでもエネルギー関連以外の低格付け債（ジャンク債）は買い手が不在となる。

3、【株式】

　一年の大半は金利上昇と金融危機の影響で大きく下落するが、次第にインフレヘッジとしての側面が注目されるようになり、社歴が長い資産株から上昇に転じる。買いたい業種は内外のエネルギー株や金鉱株、商品に強い商社、軍需関連の重厚長大株。

4、【為替】

　年前半は金融危機の影響でドル安になる局面もあるが限定的。ウクライナ戦争への軍事支援で漁夫の利を得る米国には、欧州や日本などから逃避資金が集まり、ドルも株価も堅調に推移する。これに対し欧州はエネルギー不足と金

利上昇で疲弊し、ユーロやポンドは大きく落ち込む。日本もロシアや北朝鮮との緊張が激化することから、年末はかなりの円安となる。

5、【商品と不動産】

　最も値上がりするのはウクライナ戦争による肥料不足の影響と天候不順の打撃が大きい農産物であり、次いで原油や天然ガスなどのエネルギー、貴金属だろう。不動産は金利上昇と不況の深化で全般的に値下がりするが、インフレの激化で2024年頃から都心の希少物件は値上がりし始める。郊外の住宅地は需給のバランスが崩れ、大きく値下がりする。農地は食料不足を見越した需要が高まり、価格が上昇する。

第 I 章

予測の振り返りと
2023年以降の世界情勢

✴ 最初に、2021年暮れに出した前著『次はこうなる』"第1章：2024年までの相場概観と要注目データ"で行った予測の検証を行うと同時に、23年以降の世界情勢を考えてみます。

1、インフレの激化

お米？　ゴールド？

「マネーの供給が急増するとインフレになるのは世の常です。現在のように、当局が国債を購入して長期金利の上昇を抑えたとしても、物価全般をコントロールすることは出来ません」。

(判定○) ➡日本を除く諸外国では政策金利を何度も上げてインフレを抑えようとしていますが、一向に効果が表れていません。他方、日本は「当局が国債を購入して長期金利の上昇を抑えているが、物価全般をコントロールすることは出来ない」状態が続いており、2023年は円安の影響もあっ

て今まで以上に物価が高騰することは明らかです。

　黒田日銀総裁はいま、頑なまでに金利の上昇を抑えようとしています。しかし世界中が利上げを行っている中、日本だけ低金利を維持することは出来ません。実際、2022年10月中旬には新発10年国債の取引が4日間も未成立という異常な事態が起きています。これはいまの金利水準では、日銀以外の買い手はいないということです。

　また日銀が買い支えを行っていない30年国債の利回りは1.6%に上昇し、10年国債との利回り差は過去最大になっています。ですから日銀の金利抑制策が破綻するのは時間の問題であり、国家予算に占める国債の利払い費増加とともに、政府の資金繰りは次第に厳しい状況に追い込まれることになりましょう。

2、内外の株価ピークとその時期

　「内外の株価ピークは2021年のクリスマス、あるいは22年2月の節分頃で、高値はNYダウが38915ドル（89年の日経平均高値と同じ）、あるいは38617ドル（1929年9月の大恐

慌前の高値）、日本株が3万2千円台というイメージです」。

（判定△） ➡ 日本株のピークは9月中旬、ナスダックのピークは11月中旬でしたが、NYダウやS&P500のピークは1月3日だったので、ほぼ的中したと思います。ただ、NYダウの高値は3万6千ドル台、日本株は3万1千円台だったので、この水準についての予測は外れました。

≡ 3、2022年のNYダウは90年の日経平均のパターンをなぞる

「表紙に掲げたチャートは1989年の日経平均と、この1年間のNYダウを重ねたものです。円とドルという通貨単位の違いはありますが、その動きがそっくりです。ならば過去の歴史的高値と同じ水準でピークアウトすることもありそうです」。

（判定×） ➡ 昨年後半からのNYダウの動きは概ね横ばいで、その点は90年の日経平均とは違いました。現時点（22年10月）ではまだ何とも言えませんが、87年のブラックマンデー直前を彷彿させる金利上昇ピッチの早さからみて、90年の日本株のように2023年の新年早々、株価が暴落する可

能性は拭えません。

☰ 4、海外から大量の借り入れをした新興国が株価暴落の震源地

　「海外から大量の借り入れをした新興国は物価上昇＝インフレに対応出来ず、通貨安と金利上昇が続くことになります。そうなるとドル建ての債務返済が不能になり、97〜98年の「アジア金融危機」のような事態が再来する可能性があります。私はそれが22年の夏までに起きて、株価は23年末に向けてピーク時の半値近くに落ち込むとみています」。

(判定×)➡スリランカがデフォルトした他は、アジア金融危機のような事態は起きていません。しかし米金利上昇とそれに伴うドル高で、青息吐息の国は数多くあります。ですから、これから世界各地で金融危機が発生する可能性が高いという見方は変えていません。

　ただ株価が半値まで落ちるという見方は修正し、最悪、NYダウは2万4千ドル、日経平均は2万円くらいで済むのでは、と考えを改めました。株価が急落したら各国中央銀行はすぐに量的緩和策を再開すると思うからです。

　また私はこれまで金融危機の震源地は新興国だと考えていました。しかし今は、欧州や香港（中国）のほうが危ういと思うようになりました。2021年のピークからみたドル建て株価の下落率はドイツや香港が最悪だからです。

　22年9月28日付けの英ファイナンシャルタイムズ紙は、「金利の上昇で窮地に立った年金基金が英国債を投げ売りし、リーマン・ショックの瞬間に近いものがあった」と報じました。金融危機の一歩手前まで行ったのは新興国ではなく、英国だったというのです。

　米サザンメソジスト大学のラビ・バトラ教授は「海外から大量の借入をした国は、通貨が暴落しインフレが続く」（大予測・世界経済、たちばな出版、1999年刊）と予測していました。私はそうした国は新興国だと思い込んでいましたが、ラビ・バトラ教授の念頭にあった「海外から借入をしている国＝経常赤字が大きい国」とは、英国や米国のことだったのかもしれません。

　また2022年9月下旬の英テレグラフ紙は、「英国はGDPの4％という恒常的な経常赤字を抱えている国であり、日本と違って政府資金を賄うための国内貯蓄が乏しい。だから中央銀行の資産買い入れや、世界の年金基金からの資金流

入に頼らざるを得ない」と解説しています。

　欧州経済が危機的状況にあるのは英国だけではありません。ウクライナ戦争以降、欧州の主だった銀行の株価が軒並み、22年1〜2月の高値から30〜60%も下落していることは全てを物語っています。

≣ 5、株価の暴落後は次のような経緯を辿る

　「各国中銀は、米大統領選が始まる23年末頃から、より一層の量的緩和を推進すると同時に、日銀に倣ったETF買いで株価を支えると思います。しかしその結果、さらにインフレが進行して債券は売られ、行き場を失った資金は実物資産としての側面をもつ株式に向かうことになりましょう。株価の大底が23年末とみるのはこのためです」。

(判定？)➡この考えはいまも変わりません。ただ欧州や日本はともかく、米国は株価が底入れする時期はもう少し早く、23年の秋頃になると思います。ウクライナ戦争の影響で欧州は大打撃を受けるので、欧州の投資マネーはもっぱら米国株に逃避すると思うからです。インフレが激化する中、債券にはとても投資できないので、消去法として「実

物資産としての側面を持つ米国の優良株」にお金が向かうということです。

　もう一点、米国株が買われると思う理由があります。それは米国がウクライナ支援という形で、ロシアと間接的に戦争をしているからです。ロシアにしてみれば、米国株が暴落したら西側諸国がパニックになり、ウクライナ支援どころではなくなる、と考えていることでしょう。ですから米国では、何が何でも株価を下支えする必要があるのです。こうした理由で、NYダウはそれほど下がることなく2024〜25年には過去最高値を更新するのでは、と思います。

6、株価暴落の兆候は長期金利の急騰と原油の下落

　「次のシグナルが出現した場合は、株価急落の可能性が高いのでご注意ください。それは、1，長期金利が520週（10年）移動平均線を上回る、2，原油価格が200日移動平均線を下回る場合です」。

（判定△）➡長期金利が520週線を超えたのは21年11月で、そこから株価の変調が始まりました。次に、原油価格が200日移動平均線を下回ったのは22年8月で、株価はそこから

更に下落基調が強まってきました。尤も、いまの原油下落は株価暴落後には終止符を打ち、2024年には軍事的な緊張の高まりで1バレル200ドル台に急騰する可能性さえあると考えています。

7、量的緩和政策を行えばインフレになる

「FRBなど各国中銀の首脳は、量的緩和政策を行っても金利が上がらないのだから、インフレの心配は無用だと（表向きは）言っています。しかし今回のコロナ禍のように、サプライチェーンに支障を来した場合には物価安定の前提が覆されます。いまの経済運営は平時を前提にしており、天変地異や紛争といった有事の到来を考慮していません」。

(判定○)➡前著を出版した2ヶ月後、ウクライナ戦争が勃発し、まさに「有事」の到来が現実となりました。悪いときには悪いことが重なると言いますが、恐ろしいのは、ウクライナ戦争で原発が爆破され、農地が汚染されることです。この他、天候不順による凶作や地震といった天変地異が起きないことを願うばかりです。

≡ 8、次に起きる金融危機はデフレではなく財政破綻によるインフレ恐慌になる

「次に起きるであろう金融危機→恐慌は1930年代型のデフレではなく財政破綻によるインフレになるはずです。よく歴史は繰り返すと言いますが、過去と同じパターンで推移することはありません。今は何があっても政府が銀行を救済し、債券や株式を買い支えるので、マネーの総量が一時的に減ることはあっても、すぐまた元に戻ります。

ですから、先行きはデフレではなく物価が高騰するインフレになるのです。債券はこれから見向きもされなくなり、行き場を失ったマネーは、貴金属を始めとする商品や株式に向かうことでしょう。株価は一旦は大きく下がるにせよ、2024年には株価が急騰するとみるのはこのためです」。

(判定?)➡まだ金融危機が起きていないので何とも言えませんが、私はこの予測に対する確信を強めています。民間部門に問題がある場合は、人々は株を売って国債など債券にお金を移します。しかし政府に問題がある場合は、インフレが止まらなくなり、国債の買い手は中央銀行以外にいなくなるのです。

1930年代の大恐慌は需要不足が原因でした。その反省から、戦後は国債を発行して需要を喚起するケインズ政策が広範に採用されました。しかし、それもやりすぎたことから、今度は政府の財政危機が問題になり、インフレが止まらなくなります。そうなると、1920年代のドイツや敗戦直後の日本、そして現在のトルコの状況が示す通り、インフレヘッジとしての側面から株式にお金が向かい、株価は高騰するのです。

☰ 9、不動産価格は希少物件と郊外の住宅地で二極化する

「不動産は、超一等地にある希少な不動産物件と一般の住宅地とでは区別して考える必要があると思います。前者はインフレヘッジとしての側面に着目する法人の購入で高騰する一方、後者は値下がりが止まらなくなります。変動金利の住宅ローン金利が上昇し、中古住宅の売り物件が増加すると思われるからです。また銀行もインフレで元本が目減りすることを警戒し、住宅ローンの審査を厳格化するでしょうから、住宅市場の需給バランスが崩れます。そもそも銀行が販売する30〜35年ローンという商品は金利上昇

局面では成り立ちようがないのです」。

(判定△)➡米国や英国では金利の上昇によって、オフィスや賃貸住宅の賃料が下落し、不動産投信（REIT）の価格も値下がりしています。これは超一等地にある物件も同じであり、これからしばらくは、日本を含めた全世界で不動産は値下がりしそうです。こうした物件が値上がりするのは、株価暴落に対応しようと中央銀行が量的緩和姿勢に戻った後のことなので、まだ時期尚早です。しかしインフレの激化に伴い、2024年くらいから上昇に転じると思います。

　他方、郊外の住宅地はローン金利の上昇と不況の深化で需給のバランスが崩れ、値下がりが本格化してくることでしょう。

10、次の金融危機時は一旦、円高になった後、円安が止まらなくなる

　「過去の金融危機時にはドル円が売られています（円高ということ）。これは日本から海外へ巨額の証券投資が行われているからです。機関投資家にはロスカットルールがあり、概ね2割の損失が出たら損切りを余儀なくされます。ですから次の金融危機時も機関投資家の損切りで一旦は1ド

ル80〜90円くらいまでの円高になるでしょう」。

（判定？）➡ この予測もまだ何とも言えません。いまは日米金利差の拡大に伴い円安が進んでいます。ただ、そのおかげで、海外の金利上昇、株安でも日本の機関投資家の海外投資はまだ含み益が残っています。

逆に言えば、海外株安などが原因でいったん円安の動きが止まれば、これまでの含み益が一気に含み損に転じてしまうのです。その場合は売りが売りを呼んで、あっという間に今回の円安の起点である120〜125円に戻るでしょう。しかしウクライナ戦争でエネルギー価格が高騰し、貿易赤字が拡大する状況下では、1ドル80〜90円になるとは思えないので、円高に向かう場合の予測値を120円前後に修正します。

問題は一旦、円高になった後のことで、次は180円を超える円安になるかもしれません。というのは、戦争の長期化でいま以上にインフレが昂進し、米国債の価格はさらに値下がりすると思うからです。その場合、これまで円の信用の拠り所となってきた外貨準備（その大半が米国債）の時価評価が急減し、後に残るのは政府の借金だけとなってしまうからです。

またウクライナ戦争が激化し、欧州や日本にも戦争の危機が迫るなら、米国にお金を移す動きが強まるでしょう。このことは今以上にドル高になるということです。

11、2020年代は動乱の時代になる

「私は2020年代の10年は幕末に匹敵する動乱期になると考えています。各種相場はそうした世相を反映し、上下に振幅が大きい無茶苦茶な動きをすると思います」。

(判定○)➡ここで述べたことはウクライナ戦争と、その後の金利上昇で現実となりました。2023年はあらゆる分野で混乱が激化し、社会の秩序が失われていくように思います。米国では党派の対立で内戦のようなことさえ、あるかもしれません。そして、翌24年は世界大戦になるのではとも懸念しています。

ウクライナはいま西側諸国の支援のおかげで、ロシア相手に善戦しています。ですから、ロシアは西側諸国の弱点を衝いて、ウクライナに対し支援する意欲をなくそうとすることでしょう。

西側諸国の弱点とは巨額の政府債務のことで、ロシアが

欧州へのエネルギーや肥料、農産物の供給を止めたら、物価や金利は高騰します。そうなれば西側諸国はウクライナ支援どころではなくなります。いまプーチン露大統領が狙っているのは、そういうことです。

ロシアは国家債務が名目GDPの2割程度しかなく、経常収支も黒字であるなど、自給自足が出来る国です。究極の準備通貨＝ゴールドの保有も潤沢であり、戦争が長引けば西側諸国の経済は行き詰まります。

古来、覇権国は自らの政府債務が積み上がって二進も三進もいかなくなると、戦争という手段で債務の帳消しを行ってきました。ですから今回も欧州を舞台に大きな戦争が起きるかもしれません。少なくもゼレンスキー・ウクライナ大統領はNATOの参戦を望んでいるはずです。多くの人は、プーチン露大統領のことを悪の権化のように思っています。しかし彼が失脚すると次はスターリンのような怖い人物が登場する可能性が高いのです。隣の大国は江戸時代の昔から「おそロシア」なのです。

コンニチハ

♂⁺ これまで述べたことは、次のコラムでまとめています。

☰ ＜インフレ下で次の金融危機が起これば、その後2 ～ 3年で株価は最高値突破も＞

過去のクラッシュを振り返ると、今後のマネーはモノへ向かう　JBpress：2022.10.20

　急ピッチな利上げで先行き不安が強まる米国、新政権による経済政策を撤回し混乱を露呈する英国、海外投資マネーの流出に直面する新興国……、世界経済を巡る不透明感は強まる一方です。ニュースに一喜一憂する格好で乱高下を繰り返す株価に、日本の投資家も警戒感を強めているようです。株価のクラッシュを指摘する声も出始める中、今回は、過去のクラッシュ後の経緯を振り返りながら、今後を考察してみます。

▪ トリプル安となった1990年の日本株暴落

　1981年に15％を超えた米長期金利がピークアウトして以降、筆者は1987年、1990年、2000年、2008年と4回の株価暴落を経験してきました。いずれも長期金利の反転上昇がきっかけです。

　そのうち最も深刻だったケースは、1990年の日本株暴落でした。何せ、最初の3カ月で株、債券、為替のトリプル安

となったのです（図1）。

　ブラックマンデーがあった1987年の米国株暴落時（図2）は、株はダメでも債券やドルが買われるなど、まだ救いがありました。ところが、1990年のバブル崩壊時は全ての資産について日本売りとなり、打撃が大きかったのです。

　とはいえ、あのまま株価が下がり続けたなら「投げ売り」が出て、投資家の傷は浅く済んだのではないかと思います。現実はその後の3カ月間で株価は下げ幅の半値を戻したこともあり、投げ売りとはならず、結果的に深手を負う形になりました。

▪29年間も続いた債券相場の上昇基調

　債券や為替が落ち着きを取り戻したことも投げにつながらなかった一因でしたが、それもつかの間のことで、1990年8月の中東情勢悪化で金利が再び急騰し、株価は暴落することになります。しかも今度は一転して超円高です。

　そんな波乱も政府が打ち出した総合経済対策が奏功し、株、債券とも10月1日の午前中に底打ちします。要は、金利がピークを打ったことで株式も正気を取り戻したのです。

図1　1990年の金融市場は株、債券、為替のトリプル安だった

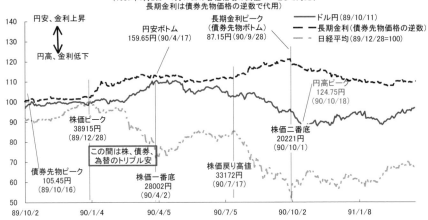

日本　バブル崩壊前後の株、長期金利、為替
（1987年1月2日〜7月17日の各種相場の高値=100として対比、
長期金利は債券先物価格の逆数で代用）

（データ出所）ブルームバーグ

図2　1987年のブラックマンデーは債券の暴落が引き金を弾いた

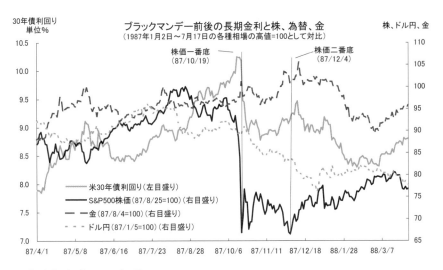

ブラックマンデー前後の長期金利と株、為替、金
（1987年1月2日〜7月17日の各種相場の高値=100として対比）

（データ出所）ブルームバーグ

注目すべき点は、このタイミングで株ではなく債券を買った投資家が究極の勝者となったことです。10年国債先物は1990年10月1日に87円台で底打ちした後、2019年5月に155円台でピークアウトするまで、実に29年間も上昇基調が続きました（図3）。

　一方の株価はそこが大底ではありませんでした。日経平均株価は10月1日に一時、2万円の大台を割った後は切り返し、翌1991年3月中旬には2万6000円台まで上昇しました。しかしリバウンドはそこで終わり、1992年8月には1万4000円台まで下落してしまうのです。さらにその後も長らく株価の低迷が続いたのは周知の通りです。

　それにしても、なぜ債券と株式はこれほどまでに明暗を分けたのでしょうか。

▪生保の資産配分の変化が示すこと

　まず指摘できるのは、バブル崩壊と中国経済の台頭でモノの値段が下がり始め、デフレが1990年代のニューノーマルとなったことです。

　ただ、もうひとつ筆者が隠れた要因として指摘したいことがあります。それはバブル期以前は機関投資家のポート

図3　1990年10月に債券を買った投資家は究極の勝者となった

10年国債先物価格と日経平均株価
（週足終値）

（データ出所）ブルームバーグ

フォリオが株式等に偏重し、債券の割合が少なかったことです。

　機関投資家の代表である生命保険会社の資産配分状況を長期でみてみましょう。

　1988年度は株式等の構成割合が32％もあったのに対し、公的債券は15％しかありませんでした（**図4**）。

　バブル崩壊で不良資産と化した株は、恒常的な戻り売り（下落トレンドの相場の中、一時的に反発したタイミング

図4　次の危機時には機関投資家の保有割合が少ない株式を

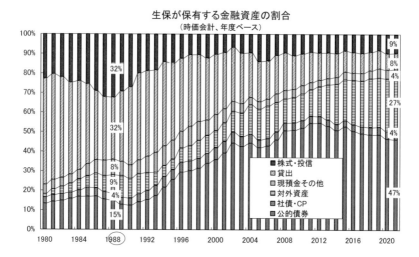

生保が保有する金融資産の割合
（時価会計、年度ベース）

（データ出所）日銀：資金循環統計

で売ること）圧力にさらされていました。これに対し、債
券はそれまでの保有割合が小さかったことや、1990年から
の金利低下（債券価格は上昇）で「お宝」となったことか
ら、各社とも投資枠の拡大余地が大きかったのです。

　翻っていま、生保の保有資産に占める株式と債券の構成
比はバブル期と逆転しています。もし、31年前と似たよう
な相場波乱が起きるなら、今度は債券ではなく株式を購入
すべきです。

▪1930年代型の大恐慌とは真逆の形に

筆者がそう確信するのは、次の金融危機は1930年代型のデフレではなく、いま以上のインフレをもたらすと思うからです。

現在、日本以外の諸外国では債券安と株安が同時進行しています。1987年のブラックマンデー直前の米国や、1990年のバブル崩壊後の日本と同じ様相を呈しているのです。

海外の金融サイトでは、金利上昇で株価がクラッシュし、1930年代型の大恐慌になるとみる分析も多くみられます。

しかし筆者が思うに、株価の暴落で未曾有のパニックになるとしても、1930年代のように株価が10分の1になることはないと思います。ダウ工業株30種平均は最悪で2万4000ドル、日経平均株価は2万円くらいでしょう。

というのは、来るべき金融危機は1930年代とは真逆の形になるので、株価が一時的に暴落しても、その後上昇し、2〜3年もすれば過去最高値を更新すると思うからです。

ちなみに米国株の下値余地が日本より小さいのは、主要

国の株価で最も下げ渋っているのが米国株だからです（図5）。

▪ 非常事態が起きれば国債増発、量的緩和が復活する

　これに対し、最も下がっているのは欧州株や香港株であり、来るべき危機の震源地となるのはこうした地域だと思います。日経平均の下値が最悪2万円くらいだとみるのは、過去は株価が下落しても、PBR（株価純資産倍率）で0.8倍台で止まっているからです（図6）。直近は1.1倍台なので現値から20～25％も下がれば十分な水準になります。

　さて金融面から1929年に発生した大恐慌を振り返ると、その特徴は、米国のマネーサプライ（M2、現金通貨と預金の合計）が1930年から4年連続で前年比マイナスになったことです（図7）。このため1933年のM2の残高は1929年比で3割も減少し、それに伴って名目GDP（国内総生産）も半減する事態となりました。

　マネーの総量が減少した原因は、株価の暴落や銀行、大企業の倒産がスパイラル的に生じたからです。恐慌の深化に伴って手元に現金を確保しておく人が増えたので、通貨流通量だけは増加しました。またモノ（あるいはモノを作

図5 ドル建てでみるとドイツ、香港など欧州、東アジアの株価下落が著しい

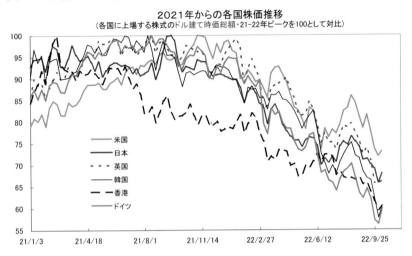

2021年からの各国株価推移
(各国に上場する株式のドル建て時価総額・21-22年ピークを100として対比)

凡例：
米国
日本
英国
韓国
香港
ドイツ

(データ出所)ブルームバーグ

図6 日本株は下げても最悪、PBR0・8台で止まるだろう

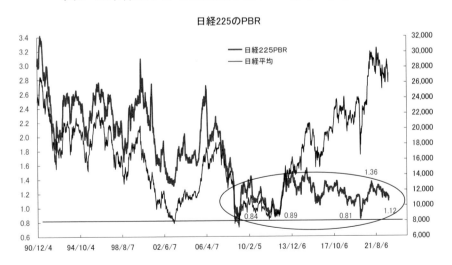

日経225のPBR

凡例：
日経225PBR
日経平均

(データ出所)ブルームバーグ

図7　大恐慌時は物価の下落で実質金利が急騰、今回は真逆になる

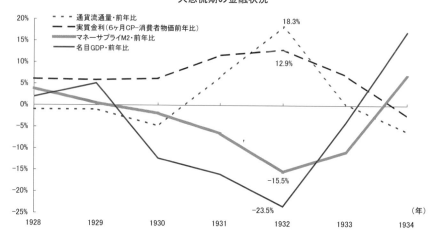

大恐慌期の金融状況

（データ出所）FRB:Banking & Monetary Statistics 1914-1941

る会社）よりも、カネの価値が増したので物価は急落し、短期社債（CP）の実質金利は13％に跳ね上がったのです。こうした中、株式が売られて債券が買われるのは当然でした。

　今日であれば、政府は債務超過の銀行を救済し、中央銀行は債券や株式の価格を買い支えることでしょう。実際、日本政府・日銀はバブル崩壊後にそういった行動を取ってきました。

　また先日の英年金基金を巡る混乱では、英中央銀行は長期金利の高騰を抑えるべく、英国債の売却を停止しただけ

でなく、買い支え（量的緩和の再開）まで行っています。

　こうした事例から推測すると、次にリーマン危機のような非常事態が起きた場合も、各国は国債の増発を行って金融機関を救済し、中央銀行は「一時的措置」だとして量的緩和政策を復活させるように思います。

▪ トルコの株価が暴騰しているワケ

　一方でウクライナでの戦争が続き、エネルギーなど供給面の制約がある中では、マネーの総量を急増させるとインフレが止まらなくなります。

　そうなれば、供給過剰の債券市場からお金が逃げ出し、モノ（商品相場）に移行するはずです。まず必需品であると同時に、市場規模が小さい石油や貴金属、農産物といった商品相場が高騰し、次いで実物資産としての側面をもつ株式が買われる順番になると思います。

これは？　トイレット ペーパー

　明治維新では藩札、1945年の敗戦では大日本帝国の国債が無価値になりましたが、そんな2度の混乱を切り抜けて、今も存続している会社があることは注目してよいと思います。

ちなみに今年、OECD加盟国で株価が最も値上がりしている国はトルコで、年初からの株価上昇率は95％にもなります。同国の物価上昇率は前年比プラス83％です（図8）。

　トルコの株価はインフレ率が20％を超えたあたりから急騰し始めました。1920年代のドイツ（図9）や敗戦直後の日本の事例が示す通り、いったんインフレが止まらなくなれば、人々は預貯金や債券ではなく、株式を含む実物資産を選好するのです。株価が上がるのは必ずしも良いことを意味するわけではありません。

≡＜証券百年史　有沢広巳監修　日本経済新聞社　昭和60年刊＞

・昭和21年8月を100とした株価指数でみて、22年12月は125、23年12月は394、取引再開直前の24年4月は609と、株価は3年で6倍強に急騰した。明治維新期にも、証券市場は同じような歴史的経緯を辿った。生活難にあえぐ下級武士が手持ちの公債を質屋や金貸し、商人に売り渡した。未組織の店頭売買が行われ、それがやがて組織化された取引所売買へと発展していったのであった。

図8 トルコ CPI上昇率が二桁を超えた頃から株価が上がり始めた

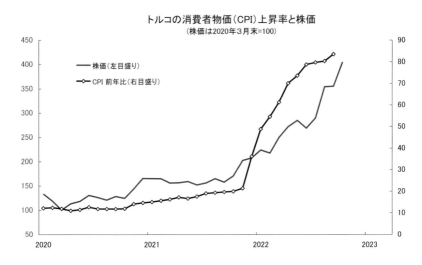

（データ出所）ブルームバーグ

図9 1920年代のドイツ株価は物価と為替に連動して上昇した

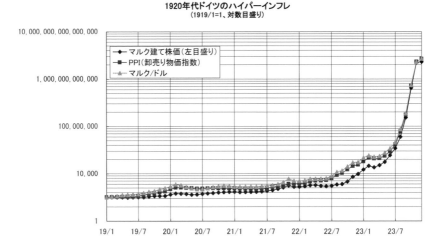

（データ出所）「独逸のインフレーション」勝田貞次（景気研究所1939年）

✧ 企業に問題がある場合、お金は株式から安全確実だとされる国債に逃げ込みます。ですから株価は下がって債券は買われる（金利が低下する）のです。しかし、その反対に政府の財政がおかしくなれば、国債が暴落し金利が急騰します。

あの大恐慌期においても1931年9月にそうした事態が発生し、基軸通貨国である英国がポンド防衛のため、金利を上げたことが世界的なパニックを引き起こしたのです（金本位制停止）。その結果、それまでも周期的にあった恐慌が大恐慌に発展したのでした。

ただ、この時の国家に対する不信任は一時的でした。というのは、各国ともそれまでの金本位制下にあって、野放図な国債発行はなされておらず、国家財政が健全だったからです。しかし今はそうではありません。大恐慌から脱出するための処方箋として導入された「国債を増発して需要を喚起するケインズ政策」を濫発した結果、主要国の財政赤字は空前の水準に急増しています。それでも、これまで何とかなってきたのは81年以降、ほぼ一貫して金利が低下してきたからです。

　ところが今、コロナ禍で各国中央銀行が量的緩和を拡大した後にウクライナ戦争が勃発し、欧米の金利上昇で国家財政は破綻一歩手前です。他方、ロシアの国家財政は極めて健全で、名目GDPに占める財政赤字の比率が17%しかありません。そんな旧社会主義国のロシアは、西側諸国への原油や天然ガスの供給を制限することで、世界の金利を上昇させています。その結果、91年のソ連崩壊で冷戦に勝ったはずの資本主義国が窮地に陥っているのは皮肉です。

　過去を振り返ると、264年続いた徳川幕府も外患や天変地異が原因で破綻しました。いま米国は1776年の建国から246年が経過したところですが、民主党と共和党の二大政党間で国論が二分するなど、国家としてのまとまりを欠いた状態となりつつあります。

　こうした中、基軸通貨国である米国の金利が上昇したことで、低金利の持続を前提とした経済の仕組みが綻び始め、世界規模での「幕末化」が始まりました。おそらく2023年はいま以上に混乱が激しくなり、これまで当然視されてきた政治経済の仕組みが壊れていくことでしょう。

幕末の市民はあまりに急激な変化に耐えきれず、「ええじゃないか」と踊り狂ったそうです。21世紀の私たちも、10年後にはそんな集団ヒステリー状態に追い込まれるような気がしてなりません。

　🗡️ 次のコラムでは1930年代の大恐慌時における金融危機（金本位制停止）の状況を描いています。パニックに至る相場のパターンは今も昔も基本的に一緒です。

＜大恐慌時の金利上昇が示唆するもの：週刊エコノミスト2019/8/6＞

　1931年5月、オーストリアの大手銀行が倒産し、ドイツにも金融危機が飛び火した。英国はこの両国に多額の投融資を行っており、それを不安視した諸外国はポンドを金に兌換する動きを強めたので、英国の金準備は枯渇する。そこで英国は同年9月、金とポンドの交換停止と同時に公定歩合を引き上げて、ポンドの防衛を図った。

　基軸通貨国の利上げに各国とも追随したので、金融危機下の最も金利を上げたくない時期に全世界の金利が上昇してしまう。それが30年代の大不況を「大恐慌」にした元凶

だった。

　この間の金利変動には2つの特徴を見出せる。1点目は短期金利は29年のピークを抜いていないのに、長期金利はあっさり突破したことだ（図10）。一旦、金融危機が発生すると、長期金利はそれまでの金利低下幅以上に上昇してしまうのだ。

　2点目は格付けによる債券利回り格差が拡大したことだ。低格付け債の利回りは株価暴落後にじりじり上昇していたが、金本位制停止後はさらに急騰し、最悪時には国債との金利差が8％ポイントになった（図11）。またパニック時には低格付け債の買い手が不在となるので、こうした債券を大量に保有する金融機関の資産は更に悪化する。現在、低格付け債を大量に保有する金融機関は多いが、来るべき危機時のダメージは30年代の比ではあるまい。

まさか…

揺れてる?!

図10　1931年危機：当初は長短金利が低下→その後の金利急騰で打撃

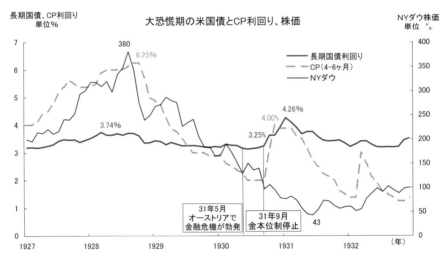

長期国債、CP利回り
単位%

NYダウ株価
単位 ドル

大恐慌期の米国債とCP利回り、株価

― 長期国債利回り
--- CP（4-6ヶ月）
― NYダウ

380
6.25%

3.74%

4.26%
4.00%
3.25%

31年5月
オーストリアで
金融危機が勃発

31年9月
金本位制停止

43

1927　1928　1929　1930　1931　1932　（年）

（データ出所）FRB：Banking & Monetary Statistics 1914-1941

図11　低格付けの社債利回りはいち早く上昇し、ピークも国債より後だった

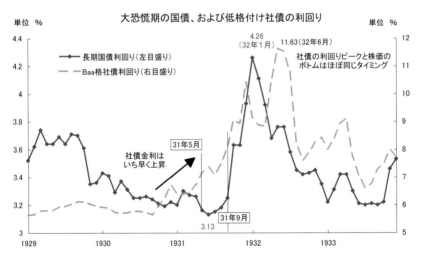

単位　%

単位　%

大恐慌期の国債、および低格付け社債の利回り

◆ 長期国債利回り（左目盛り）
--- Baa格社債利回り（右目盛り）

4.26
（32年1月）

11.63（32年6月）

社債の利回りピークと株価の
ボトムはほぼ同じタイミング

社債金利は
いち早く上昇

31年5月

31年9月

3.13

1929　1930　1931　1932　1933

（データ出所）FRB：Banking & Monetary Statistics 1914-1941

第 **II** 章

80年周期の大動乱が始まった

  2022年8月21日の日本経済新聞に『同じ軌道を描く日本株　「77年周期」3度目なるか』というコラムが掲載されました。「明治から終戦までと終戦から現在までの2つの77年における日本株の動きが酷似している」というSBI証券の北野一金融調査部長の分析を紹介した記事です。1868年と1945年をそれぞれ起点として歴史的な出来事を並べると、同じような時間軸で同じような出来事が起きているというのです。これだけ深く調べるのは大変なことだったと思います。

　筆者は前著で「世界は80年ごとに動乱の時期を迎える」と書きましたが、北野氏もほぼ同じ見方のようです。ただ、筆者が考える2020年代の混乱は、日本だけの局地的な現象ではなく、全世界の政治、経済、社会が一変するパラダイムシフトになるというものです。

　その結果、どのような世界になるのかはわかりませんが、大きな流れは統一から分裂という形になるのでしょう。

1860年代、日本は明治維新で300あまりあった藩が消滅し中央集権国家になりました。同じくイタリアやドイツも小国がまとまって1つの国になりました。そして米国も南北戦争の結果、南北の対立が解消して文字通り、「合衆国」になったという経緯がありました。

　2020年代はその反対に、中央集権型の政治スタイルは過去のものとなり、1860年代以前のような分散型の社会になるように思います。中央政府がコントロールする経済がおかしくなれば、国家としてのまとまりが失われるからです。ですからユーロ圏が崩壊するとか、米国でテキサス州が合衆国から分離するとか、10年後にはまさかと思うような動きが現実になっているかもしれません。

　一つの時代の末期には、天候不順や戦争などで国家財政が破綻し、国家の統制力が失われた無政府状態に陥るのが常です。日本でも平安時代から鎌倉時代、鎌倉時代から室町時代といった時代の変わり目には、方丈記で描かれたように夜盗が跋扈する無秩序な世界がありました。2030年くらいまでは、全世界的にそうした「産みの苦しみ」のような混乱が相次ぎ、「毎日が想定外」の難しい時代が続くように思います。

≡ ＜わずか数年で物価数倍も「80年周期のパラダイムシフト」に備えよ＞

JBpress…2022.6.16　世界は、1780年代、1860年代、1940年代に次ぐ歴史的大変動に入った

▪2030年まで「幕末」に匹敵する混乱

　ウクライナ戦争の勃発で、世界秩序のパラダイムシフトを指摘する声が聞かれるようになりました。筆者は、現在の世界は約80年ごとに政治経済が一変するパラダイムシフトに直面したとみています。

　1780年代のフランス革命（1789年）、米国独立戦争（1775年）、天明の大飢饉（1782年）、1860年代のイタリア統一（1861年）、ドイツ統一（1871年）、米国南北戦争（1861年）、明治維新（1868年）、そして1940年代の世界戦争がその区切りです。1860年代の変動では現在につながる近代国家が誕生し、先の大戦では旧体制が一掃されました。

　筆者は長らく、経済誌への寄稿や講演会などで「80年周期の大変動、次は2020年代」という標題の下、「2030年ま

での10年間は世界的規模で『幕末』に匹敵する混乱が起きる」と述べてきました。その始まりが疫病（コロナ禍）の蔓延だとは想定外でしたが、今回のウクライナ戦争で混乱の第二幕が開いたのでないでしょうか。

　過去の80年周期の変動を振り返ると共通項があります。いずれも物価の上昇を伴っていることです。

　1780年代は、日本では浅間山、欧州ではアイスランドのラキ山が噴火しました。その影響で冷害が発生し穀物価格が急騰、天明の大飢饉やフランス革命をもたらしたのです（図12）。

▪ 黒船来航のあった幕末の日本はどうだったのでしょうか。

　当時、大地震など天変地異が頻発し、幕府の財政逼迫が大きな課題でした。1858年の日米修好通商条約の締結によって小判の海外流出が起きました。日本では1：5だった金と銀の交換比率が、外国では1：15だったためです。日本に銀を持ち込むと安く金を手に入れられたのですから当然の流れです。その影響で海外では金銀比価が記録的安値となりました（図13）。

　幕府はその対策として質の低い小判に改鋳しました。その結果、通貨の価値が下がり、物価が高騰します。加えて、薩長同盟の成立や幕府と長州藩が戦った幕長戦争（1864〜

図12　1783年の噴火　日本では天明の大飢饉、欧州ではフランス革命に

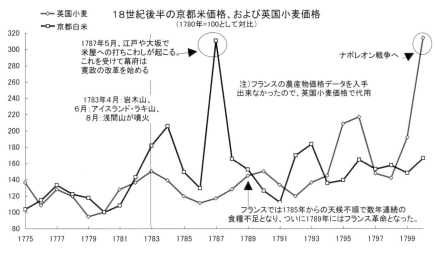

（データ出所）江戸物価事典、イギリス歴史統計

図13 日本からの金貨大量流出で欧米の金銀比率は記録的安値になった

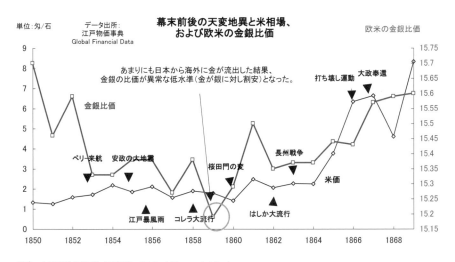

（データ出所）江戸物価事典　Global Financial Data

1866年）などで幕府の権威が低下、通貨に対する信認が落ちたこともあり、米価が数倍になる超インフレになったのです。

▪供給制約を伴えば急激なインフレに

　先の大戦では軍事費をまかなうため大量の国債発行で通貨が乱発されました。一方で、空襲によって生産設備などが破壊され供給力が激減します。その結果、物価は急騰しました。

　1780年代の統計はありませんが、1860年代、1940年代には、いずれのケースも米価や商業地の地価が、中心年（1860年、1940年）から5年前後で8〜10倍になっているのです（図14）。

　「二度あることは三度ある」ということわざがあるとはいえ、2022年の今、そんな極端なことが数年以内に起きるとは信じがたいかもしれません。ですが、天変地異や戦争があるなら、その可能性はゼロではないでしょう。

　2009年以降、各国の中央銀行はあまりにも多くのマネーを供給してきました。こうした政策は平時なら良い方向に機能するはずですが、資源やモノの供給が制約される有事の場合にはとんでもないインフレに発展し得るのです。

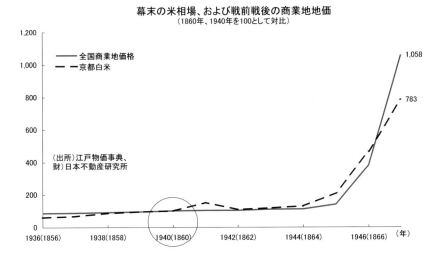

図14 80年周期の中心年：1860年と1940年の5年以内に超インフレ化

幕末の米相場、および戦前戦後の商業地地価
（1860年、1940年を100として対比）

全国商業地価格
京都白米

（出所）江戸物価事典、
財）日本不動産研究所

1,058

783

（データ出所）江戸物価事典、財）日本不動産研究所

　すでにコロナ禍やウクライナ戦争の影響で国際間のサプライチェーンが寸断され、世界中の物価が上昇しています。1981年から40年以上も金利が低下し、量的緩和政策でマネーが溢れ返る中で、そんな異変が起きているのです。

　図15は、米連邦準備制度理事会（FRB）、欧州中央銀行（ECB）、日銀、英イングランド銀行（BOE）という主要4カ国・地域の中央銀行が持つ資産（ドル換算）の総額と米国の消費者物価指数（CPI）の推移を重ねたものです。両者がほぼ連動していることがわかります。

　つまり、現在の世界的インフレは、本質的に「中銀の資

図15 主要4中銀の量的緩和の副作用で物価上昇が加速している

主要4中央銀行の資産合計と米CPI
（4中銀：FRB、ECB、BOE、日銀、ドル換算後の合計値）

単位 兆㌦

CPI

── 主要4中央銀行の資産合計（左目盛り）
── 米国CPI（1982-84=100,SA）

2008年9月
リーマン・ショック

4.1

15.3

26.1

2007　2009　2011　2013　2015　2017　2019　2021　（年）

（データ出所）日銀、FRB、ECB、BOE、米労働統計局

産膨張＝カネ余り」がもたらした結果なのであって、今後も続く構造的な問題だと言えるでしょう。

▪ 中東に新たな緊張高まる

　こうした中、中東で新たな戦争が始まるのでないかという観測があります。ウクライナ戦争の陰で日本ではそれほど注目されていませんが、イランの核開発が進展しているそうです。

　イランが、核爆弾の製造に必要な高濃縮ウランの獲得まで近づいているのであれば、そのことに神経を尖らせてい

るイスラエルが、親イランのロシアが疲弊したタイミング
を狙って攻撃を仕掛ける可能性があるというのです。

▪第3次オイルショックの可能性も

　真偽のほどはともかく、いま中東で戦争が起きれば、原
油価格は急騰します。一気に1バレル200ドルを突破し、第
3次オイルショックを引き起こす可能性があるのです。

　そのとき問題になるのは、過去40年以上も続いた金利低
下局面で積み上がった「過剰債務」です。

　図16は、米国の非金融部門（政府・家計・企業）の債務
総額を名目GDPで割った債務比率と長期金利の推移をみ
たものです。前者の債務比率は、直近は285％となり、大
恐慌後の1933年以来の水準にあります。超低金利に支えら
れて積み上がった巨額の債務は、わずかな金利上昇で返済
不能になるリスクがあるでしょう。日本でも政府の債務残
高が記録的な水準に達しています。

　金融危機に陥ると、従来はリーマン・ショック発生時の
ように中央銀行がマネーを増発して救済に動きました。既
に物価が上昇している今日、同じやり方ではインフレに拍
車をかけて次の危機を呼び込むだけですが、背に腹はかえ
られません。各国中銀はさらなる通貨膨張を余儀なくされ

図16 米債務比率が過去最高レベルになった段階で金利が上がり始めた

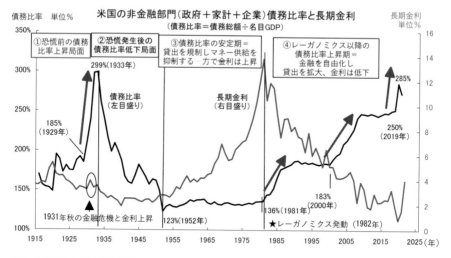

米国の非金融部門（政府＋家計＋企業）債務比率と長期金利
（債務比率＝債務総額÷名目GDP）

債務比率　単位％

長期金利
単位％

①恐慌前の債務
比率上昇局面

②恐慌発生後の
債務比率低下局面

③債務比率の安定期＝
貸出を規制しマネー供給を
抑制する一方で金利は上昇

④レーガノミクス以降の
債務比率上昇期＝
金融を自由化し
貸出を拡大、金利は低下

299%(1933年)

185%
(1929年)

債務比率
（左目盛り）

長期金利
（右目盛り）

285%

250%
(2019年)

1931年秋の金融危機と金利上昇

123%(1952年)

136%(1981年)

183%
(2000年)

★レーガノミクス発動（1982年）

（データ出所）アメリカ歴史統計、FRB

るでしょう。かくして数年後には必需品を始めとするモノ
の値段が現在の数倍になる──。そんな悪夢のシナリオも
決して荒唐無稽とは言えないのではないでしょうか。

　✤ 次は米中の人口動態が原因で世界経済の成長が止ま
るという分析です。すでに世界の景気は鈍化しています
が、ウクライナ戦争の影響でインフレが激化するのです
から、何一つ良いことはありません。このうえ更に気象
変動などで穀物までも不作、あるいは食べられな
い状況になれば、一体どうなるのでしょうか。

コンタミ
困 民ネ
（contaminate）

≡ ＜米中の人口減少が下押す世界経済の成長　週刊エコノミスト2022/2/8＞

　2021年の米人口増加率は前年比0・1％（約39万人増）だった。増加率がこれほど小さかったのは、スペイン風邪と第一次世界大戦の影響で人口が減少した1918年以来のことだ。コロナ禍による死亡者数増加が要因だ。だが人口増加率は92年をピークに趨勢的に低下している。米国勢調査局によると、少子化と移民の減少、高齢化の結果だという。

　また今年1月には中国国家統計局が、昨年の出生率は5年連続で減少と発表した。これは「大躍進政策」による失政で、餓死者が続出した61年をも下回る水準だ。総人口は未発表なので不明だが、約14億人の人口を抱える中国で人口減少が始まった可能性がある。

　中国の出生率低下は80年から35年間も続いた「一人っ子政策」の影響が大きい。経済発展を狙いとする政策の結果、出産適齢期を迎える女性が減少し、労働力不足から経済成長の妨げとなるのは皮肉だ。

　こうした人口増加率の鈍化は主要国で共通の現象である。なかでも問題は生産年齢（15-64歳）人口の増加数が03年をピークに、減少する一方だということだ（図18）。

図17　1919年の死者数は今も上回ることがない突出した数字

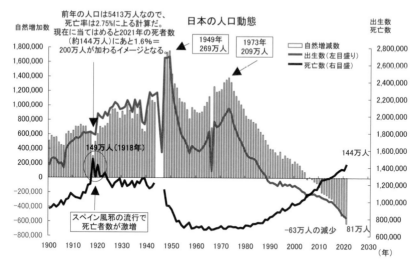

（データ出所）日本帝国人口動態統計、厚生労働省

図18 米国の人口増加率は100年ぶりの低水準、中国もほぼゼロに

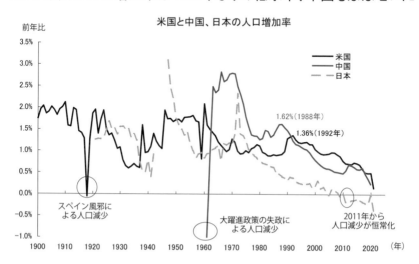

（データ出所）米歴史統計、米センサス局、中国国家統計局、総務省

図19 主要国の生産年齢人口増加数は2003年以降、鈍化する一方

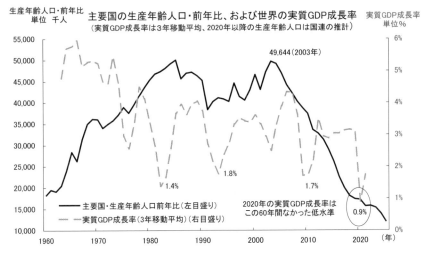

生産年齢人口・前年比
単位 千人

主要国の生産年齢人口・前年比、および世界の実質GDP成長率
（実質GDP成長率は3年移動平均、2020年以降の生産年齢人口は国連の推計）

実質GDP成長率
単位％

49,644（2003年）

1.4%　1.8%　1.7%　0.9%

2020年の実質GDP成長率は
この60年間なかった低水準

—— 主要国・生産年齢人口前年比（左目盛り）
- - - 実質GDP成長率（3年移動平均）（右目盛り）

（データ出所）国連、世界銀行

20年の世界の実質国内総生産（GDP）成長率は、3年移動平均でみて戦後最低の水準だった（**図19**）。コロナ禍の影響が大きかったとはいえ、経済成長の鈍化は人口問題に起因する構造的な問題なのではないか。

筆者は80年周期の混乱期の原因や経緯を調べるべく、そういった関係の書物を読んできました。その中で私が感銘を受けた論文を2つご紹介します。最初は著名な歴史家であるニーアル・ファーガソン教授の論文です。

☰ ＜複雑系の崩壊は突然、急速に起きる：Niall Ferguson＞…そのポイント

：Foreign Affairs Report 2010年4月号

・ 大国や帝国は、非常に多くの相互作用を持つ「複雑系」である。複雑系は非常に小さなきっかけで、穏やかな均衡から危機へと局面が瞬く間に変化する。これは一粒の砂が砂山全体を崩壊させるようなものだ。こうした複雑系は自然界のみならず、人間が作り出した政治的、経済的構造にも見出せる。

・ 複雑系には、科学者が「増幅作用」と呼ぶ特徴がある。それは小さな刺激で非常に大きく、また予期せぬ変化が起きることだ。ときにはシステムそのものを崩壊させるような混乱を引き起こすこともある。例えば、サブプライムローンの焦げ付きは、やがて世界経済を金融的な混乱に発展し、国際貿易を崩壊させかねない危機的状況へと追い込んでいる。

・ また複雑系の歯車が狂いだした場合、その混乱の規模がどの程度になるか予測することは出来ない。例えば山火

事が起きた際に、それがどの程度の崩壊になるのか分からない。小競り合いから全面的な大戦争に至るまでの紛争にも、同様のパターンが認められる。

・独裁制であれ、民主制であれ、大規模な政治体制は複雑系にならざるを得ない。このため、帝国は他の複雑系と同じ特徴があり、安定から不安定へと急激に変化する。しかし、この事実が認識されることはない。多くの人が帝国循環論を信じ込んでいるからだ。

・ローマ帝国の崩壊にしても、複雑適応系が臨界に達した時と同じく、唐突で劇的なものだった。何せ、5世紀のローマ帝国人口は、わずか50年で3/4も減少しているのだ。少ない硬貨、粗野な陶磁器といった遺物も、ローマ帝国の栄華が急速に廃れたことを示す。歴史家が「文明の終わり」と呼ぶ局面も、わずか1世代ちょっとの間に起きていることだ。

・これと同様に、短期間に崩壊した帝国は珍しくない。たとえば中国明朝では、17世紀半ばに、財政危機、飢饉、疫病が重なったことをきっかけに内乱が発生、外部からの侵略を許すようになる。その間、僅か十数年のことだっ

た（筆者注：徳川幕府も同じでしたね）。

・近代においても、ハプスブルク帝国、オスマン帝国、ロマノフ王朝の崩壊は1917年10月のボルシェビキ革命後、数年の出来事だ。ソ連の崩壊も同じで、ゴルバチョフの権力掌握後、5年も経たずに東欧が帝国から離脱し、1991年にはソ連そのものが解体している。

・帝国は、繁栄から衰退への流れをゆっくりたどるのではなく、唐突に機能不全に陥る複雑系だとしたら、これは現代の米国にとってどのような意味合いを持つのだろうか。まず、急激な衰退が予期せぬ形で起きるということだ。次に、歴史上の帝国崩壊が金融危機に関連していることだ。ここで見てきた帝国の崩壊のほとんどは歳入と歳出の不均衡、公的債務をファイナンスできなかった。

・米国の公的債務は今後10年で2倍以上に増加するが、この財政上の数字だけで米国の強さが損なわれることはない。だが、例えば米国債の格下げをきっかけに、皆が米国経済の先行きに不安を抱くようになったとしたらどうか。重要な鍵を握るのは、こうした突然の変化である。複雑適応系では、それを構成する一部の有効性への信頼

がなくなっただけでも、システム全体が大きな問題に直
面する。

・米国民の大多数が、政府の金融危機対策では、インフレ
　になってしまうとか、債務不履行に陥ってしまうと考え
　るようになれば、金利をゼロにしようが、財政出動をし
　ようが、もはや経済の自律回復は有り得ない。

・インフレになるかどうかは、通貨供給量そのものではな
　く、資金の流通速度であり、これがインフレ期待につな
　がっていく。

お米に
インタレスト

interest
[íntrəst]
関心　利子　金利

・同様に、政府の支払い能力を左右する
　のは、対GDP比の債務規模ではなく、金利の水準だ。政
　府の支払い能力に対する人々の考えが変化すれば、国債
　の利回りは大幅に上昇し、新たな債務の利払いが増えて
　いく。

・米国の金融、財政政策をめぐる人々の期待が変化すれ
　ば、今後のアメリカ外交も再検証せざるをえなくなる。
　歳入に占める公的債務の利払い比率が大きくなっていけ
　ば、軍事予算は削られるだろう。社会保障給付を削るわ

けにはいかないが、国防予算には裁量の余地があるから
だ。ソ連がアフガニスタンから撤退した1989年が大きく
歴史の流れを変える年になったのは偶然ではない。

𓅨 次はウォール街出身でリスク管理の専門家が書いた
本のポイントです。

☰ ＜「通貨戦争」崩壊への最悪シナリオ J.Rickards 朝日新聞出版 2012/9刊 ＞

（収益逓減の法則）人類学者J.Tainterはその著作"The
Collapse of Complex Societies"で、過去4500年間に起きた
27の文明崩壊の歴史と原因と過程を分析している。時間が
たち複雑性が増すにつれ、社会に対する投資の収益率は横
ばいになり、やがて低下に向かう。

・最初は効率的な組織だった官僚機構は、社会に奉仕する
　ことより、自身を永続させることに関心をもつようにな
　り、改善を阻む非効率的な障害と化す。社会の諸制度を
　運営するエリートたちは、社会全体の幸福よりも、縮小
　するパイの自身の取り分に関心を持つようになる。社会
　のエリート層は、他の人々を導くのではなく食いものに

するようになる。

・Tainterはこの収穫逓減の理論に、文明崩壊の説明変数を
見出している。彼の研究によると、外敵や地震によって
破壊された文明も、それ以前は何度も外敵を撃退し、地
震やの被害から復興していたりする。最終的に重要なの
は侵略でも地震でもなく、そうした事態への対処の仕方
なのだ。

・過度の租税や役務を負わされていない社会は、危機に力
強く立ち向かうことができ、惨事にみまわれても復興で
きる。だが、そうでない社会はすっかりあきらめてしま
うのだ。蛮族が最終的にローマ帝国に攻め入ったとき、
彼らは農民の抵抗を受けなかったばかりか、むしろ歓迎
された。彼らは疲弊していたので、蛮族のほうがましだ
と思ったのだ。

　✒️ **上記論文では、惨事に見舞われた後に立ち向かうこ
とが出来るかということが挙げられています。その惨事
には様々なものがありますが、私はいつも食糧難になっ
たらどうしよう？という心配をしています。**

≡ <トンガ噴火がもたらす寒冷化と穀物高騰　週刊エコノミスト2022/3/1>

　トンガ海底火山の噴火の規模は91年のフィリピン・ピナツボ火山の噴火に匹敵する巨大なもので、今後、数年にわたって寒冷化を引き起こす可能性があるという。

　ピナツボ火山の噴火ではエアロゾル（空気中を漂う微粒子）によって太陽光が遮られたので、93年の日本では記録的な冷夏となり、米の収穫量は3割も減少した。コメの価格は94年3月〜8月には前年比2割も上昇し、日本の10年国債利回りも同時期に3・1％から4・6％に急騰した。

　もし今回も日本など主要国で凶作になれば、コロナ禍で積み上がった過剰流動性が一斉に先物市場になだれこみ、農産物はパニック的な上昇となるだろう。そもそも、物価を加味した農産物の実質価格は、大戦後の混乱期や70年代のオイルショック時から下がり続けた後、二番底をつけて上向いており、いつ急騰してもおかしくない形状だ（図20）。

　歴史を振り返ると、1783年に日本の浅間山とアイスランドのラキ山が相次いで噴火して穀物価格が急騰した結果（図21）、日本では天明の大飢饉→寛政の改革、欧州ではフランス革命→ナポレオン戦争が起きている。今回の大噴火もそうした激変をもたらす怖さを秘めている。

図20 穀物の実質価格はピーク時の2割程度しかない→値上がり余地が大

米国の各種農産物・実質値
（小麦とトウモロコシは1947年=100、
綿花は1950年=100、価格÷米CPI）

とうもろこし（実質値）
小麦（実質値）
綿花（実質値）

（データ出所）アメリカ歴史統計、ブルームバーグ

図21　洋の東西で火山が噴火し穀物高騰→フランスは革命、日本は飢饉に

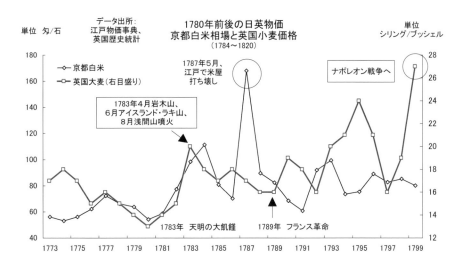

単位　匁／石

データ出所：
江戸物価事典、
英国歴史統計

1780年前後の日英物価
京都白米相場と英国小麦価格
（1784～1820）

単位
シリング／ブッシェル

京都白米
英国大麦（右目盛り）

1787年5月、
江戸で米屋
打ち壊し

ナポレオン戦争へ

1783年4月岩木山、
6月アイスランド・ラキ山、
8月浅間山噴火

1783年　天明の大飢饉

1789年　フランス革命

（データ出所）江戸物価事典、イギリス歴史統計

✧2022年産米の作況見込みは全国で「100」となり、凶作は杞憂に過ぎませんでした。しかしピナツボ山の噴火は91年6月でしたが、冷夏になって米が凶作となったのは2年後の93年のこと。まだ安心は出来ません。

国際環境経済研究所のサイトに「火山噴火と冷夏」（近藤純正・東北大名誉教授）という論文が掲載されています。それによると、①1830年以後について、南緯10度以北で大規模噴火があれば、その直後または翌年の夏のいずれかに気温が0・8〜2・8度低くなった。②南緯30度以南の南半球で噴火した大規模・中規模噴火の夏3ヶ月間の平均気温は平年並み、または高くなるが、前例が2回しかなく確実とはいえない（今回のトンガ海底火山は南緯20度なので、その影響は未知数）、との結論だそうです。

農産物は究極の必需品であるだけに、最悪の場合、いくらお金があっても買えません。それだけに缶詰類やパスタ、蜂蜜など保存が効く食品を備蓄しておいたほうが良いでしょう。

≡ ＜欧州の農産物に危機、「キングの法則」通りに穀物
≡ 価格は高騰するのか＞

JBpress…2022.8.18

・人口増以上に穀物生産は増加してきたが

　スイスに本部を置く民間シンクタンク、ローマクラブが1972年に報告書「成長の限界」を出してから今年で半世紀が経過しました。

　世界が注目し、今でもしばしば引き合いに出される報告書で指摘されているのは、爆発的に増えていく人口に対し、食糧の増産は追いつかず、もともと有限である石油などの資源は減り続けるということでした。

　報告書が出された1972年当時の世界人口は約38億人です。それが国連の推計によると今年11月中旬には80億人に達するそうです。この50年間で世界の人口は2倍を超える規模に成長しました。

　では、ローマクラブが指摘したように、食糧や資源の不足によって「限界」に近づいているのでしょうか？

　たしかにアフリカなど場所によっては食糧難・飢餓の問題が解消したとは言えません。貧困問題も残っています。しかし、世界全体で見ると、異なる様相が浮かび上がりま

す。石油は何度も枯渇の危機が叫ばれながら、海底油田や
シェールオイルの開発などで埋蔵量が増えてきました。食
糧も同様で、人口の爆発に負けずに潤沢に供給されてきま
した。

　図22を見てください。倍増した人口によって、1人あた
り生産面積が半減したのに対し、単収（単位面積あたりの
収量）を大きく伸ばし、小麦など穀物の生産高は人口以上
のペースで増加してきたのです。

▪ **脱炭素化でローマクラブの警告が現実味か**

　これは農業技術の進歩や肥料投入の増加もさることなが
ら、地球温暖化の「恩恵」が大きかったように思います。
年平均気温偏差（長期平均気温との差）の上昇とともに、
単収が増加していることがその証左です（**図23**）。

▪ **本当に地球温暖化は悪なのでしょうか？**

　もし各国が推進する脱炭素化が奏功して温暖化に歯止め
がかかれば、かえって半世紀前のローマクラブの警告が現
実味を帯びる結果となりかねません。

　農業の生産性が飛躍的に向上したことは社会の安定をも
たらしました。

　1970年以降、米国の金や株式は物価上昇を考慮した実質

図22　耕地面積の減少は単収の増加で相殺されてきた

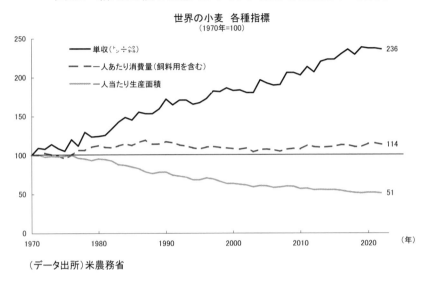

世界の小麦　各種指標
（1970年=100）

（データ出所）米農務省

図23 地球温暖化のおかげで穀物の単収がずっと増加していた

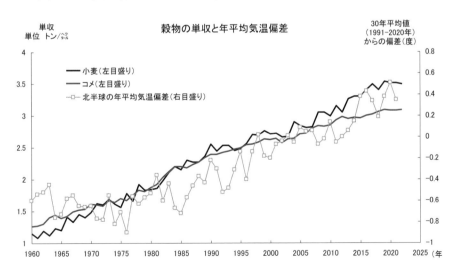

穀物の単収と年平均気温偏差

（データ出所）気象庁、米農務省

ベースで6倍以上に高騰しましたが、賃金は7％しか上がっていません。それでも大きな問題にならなかったのは、長きにわたって小麦が実質半値に下落していたからでしょう（図24）。

　小麦は価格が高騰した現在でさえ、実質で見ると半世紀前より26％も安い。裏返すと、不作になった場合の値上がり余地が大きいとも言えそうです。

▪ 収穫減で穀物価格は幾何級数的に高騰

　18世紀の英国の経済学者グレゴリー・キングは、「穀物収穫高が平年より10％、20％、30％減少した場合、価格は前年より30％、80％、160％と幾何級数的に高騰する」という説を唱えています（キングの法則）。穀物は究極の必需品なので、極端な場合、お金があっても手に入らなくなるでしょう。

　「衣食足りて礼節を知る」という言葉がありますが、逆に言えば、衣食が足りなくなれば礼節は失われ、暴動が起きるということです。過去を振り返ると、1800年前後の欧州では英テムズ川が氷結するなど寒冷化の影響で穀物相場が高騰、フランス革命など一連の動乱の要因となっています。

図24 この40年間は労働者の賃金＞小麦だったので騒乱にならなかった

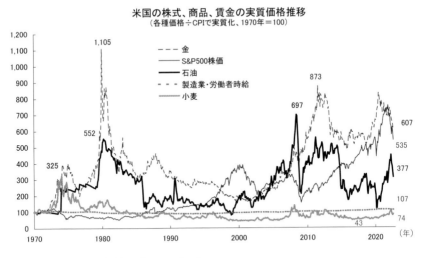

米国の株式、商品、賃金の実質価格推移
（各種価格÷CPIで実質化、1970年＝100）

（データ出所）米労働統計局、ブルームバーグ

　日本もその例外ではありません。江戸末期〜昭和初期の
「米価÷大工の1日あたり賃金」を見ると、庶民の年間主食
費はおおむね、労賃の10〜20日分で推移していました（**図
25**）。

　注目は、その範囲を超えて米価が上昇すると歴史的な事
件が起きていることです。（1）1833〜37年：天保の大飢
饉と大塩平八郎の乱、（2）1866〜69年：幕末・明治維新
と戊辰戦争による混乱、（3）1880〜81年：西南戦争後の
インフレと、その後の松方デフレ（日銀を設立し紙幣流通
量を適正化）による荒療治、（4）1918年〜19年：米騒動＝

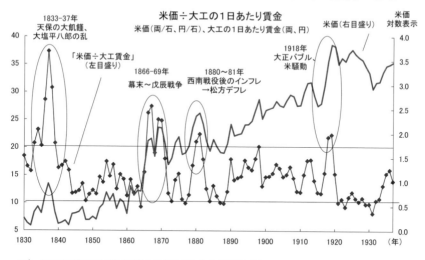

図25 日本でも凶作による米価高騰で騒乱が起きた歴史がある

米価÷大工の1日あたり賃金

米価（両/石、円/石）、大工の1日あたり賃金（両、円）

（データ出所）我國商品相場統計表（財団法人金融研究會）

大正バブルやシベリア出兵等で米価が急騰し全国に暴動が波及したことがその事例です。

・ロシアの天然ガス供給削減で欧州は……

最近の国際社会の混迷でこうした安定が崩れ始めています。

ウクライナ戦争は、穀物価格の高騰や農産物のサプライチェーンの混乱をもたらしました。食糧農業機関（FAO）が算出する世界食料価格指数（物価を加味した実質ベース）は2020年5月から22年3月にかけて7割も上昇しています（図26）。直近はピークから15％下落したとはいえ、前

図26　食糧品の価格はかつてない上がり方をしている

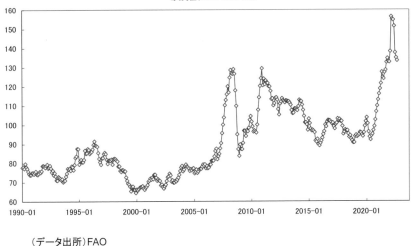

FAO 食糧価格指数
（実質値、2014-2016=100）

（データ出所）FAO

年同期より5%ほど高いままです。

　ウクライナ問題で、西欧諸国は脱炭素化どころか、窒素肥料の原料である天然ガスの供給をロシアに削減されています。このため高騰した肥料の投入を控える農家が続出しており、2022～23年の農産物収穫は大幅に減少するのではと危惧されているのです。

　こうした農産物高騰が今後、世界的規模の社会不安に至らないことを願うばかりです。

第 III 章

ウクライナ戦争がもたらす
世界の破局

ウクライナ戦争でロシアの劣勢が伝えられています。しかし為替をみる限り、ロシア・ルーブルは対ドルでも対ユーロでも堅調であり、為替市場はマスコミ報道とは異なる戦況を投影しています。

＜ウクライナ戦争の敗者は西欧、金融マーケットが示す冷徹な現実＞

JBpress：2022.6.30

・ロシアの財政は西側諸国より健全

　ウクライナ戦争が長期化する中、世界経済の変調が伝えられています。

　インフレや資源・食料の供給に懸念が台頭する中、当のロシアは自給自足体制を構築しています。外貨準備高は世界5位で、ウクライナ戦争の数年以上も前から米国債はほぼ全額売却済みです。外貨準備高の2割超は金です。経常収支は常に黒字で、政府債務残高も国内総生産の17％にとど

まります。財政赤字が膨らむ西側諸国とは対照的です（図27）。

そんなロシアに対し、西側諸国はウクライナに武器を送って支援すると同時に、国際決済システム（SWIFT）からロシアの銀行を排除するなどの経済制裁を行いました。これにロシアも対抗します。穀物や肥料の輸出を制限するなど、旧ソ連時代の強面の熊に戻り、金融市場は世界的規模のベアマーケットに突入しました。

過去を振り返るならば、1989年に冷戦が終了して以降、東側諸国に販路が拡大し、そうした国々の安い労働力で物価は低下、そして何よりも平和が持続したことがグローバル経済発展の原動力となりました。ところが今、そうした前提は覆され、時計の針は30数年前に戻ってしまったのです。

西側諸国の最大の弱点は巨額の債務に支えられた金融です。ところが石油や穀物の一大輸出国であるロシアとの交易が途絶えたことで物価は急騰し、つれて金利も上昇、株価は暴落の危機に瀕しています。

とりわけ怖いのはロシアおよび近隣国への貸出残高が大きい欧州大手銀行株の急落で、今年2月の高値から軒並み3〜4割も下落しています（図28）。中にはオーストリアの

図27 ロシアの債務比率は健全で財政赤字が膨らむ西側諸国とは対照的

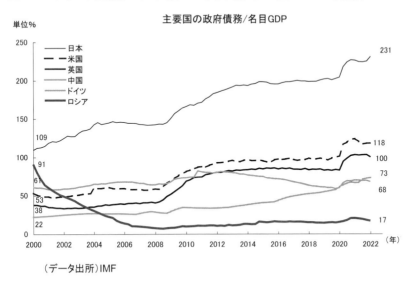

主要国の政府債務/名目GDP

（データ出所）IMF

図28　今年2月以降、欧州銀行株とユーロは急落したまま元に戻らない

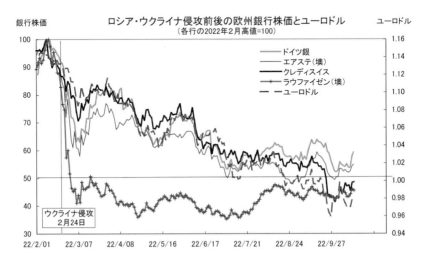

ロシア・ウクライナ侵攻前後の欧州銀行株価とユーロドル
（各行の2022年2月高値=100）

（データ出所）ブルームバーグ

銀行のように、半値以下に低落したまま、株価が一向に回復しないものもあるほどです。それと同時に為替（ユーロドル）も落ち込み、ロシア制裁の返り血を浴びて苦慮する欧州の悲鳴が聞こえてくるようです。

　他方、ロシアの株価や為替はウクライナ戦争直後こそ暴落したものの、最近は双方とも持ち直し、ルーブルの対ユーロ為替レートは2015年の水準まで回復しています（図29）。つまりマーケットは、今回のウクライナ戦争の勝者はロシア、敗者は欧州をはじめとする西側諸国と判断しているのです。

≡ ＜戦争で今後10年はインフレの時代に　週刊エコノミスト2022/4/5＞

　昨年11月以降、米連邦準備制度理事会（FRB）が量的緩和策の規模を縮小したことにより、金利が上昇傾向にあった。昨年の国債新規発行額（6.7兆㌦）の57%を購入する「大口投資家」が国債購入額を減額する以上、金利が上がるのは当然だった。

　こうした中、ウクライナ戦争で商品相場が高騰し、長期金利はついに節目の2%を突破した。戦争は次の3つの理由

図29　ロシアルーブルは対ユーロではジリ高基調にある

ロシア　為替（対ユーロ）と株価

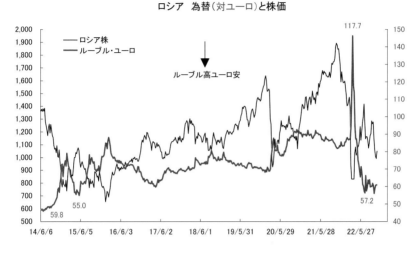

（データ出所）ブルームバーグ

　から物価を押し上げるという。①禁輸、制裁、戦闘により
サプライチェーンが破壊されること。②民需の上に軍需が
加わることで、経済の生産能力が制約されること。③政府
が戦費を賄うために、お金を印刷したり、金利を低く抑え
る、という3点だ。実際、米国は第二次大戦時、政府はイン
フレ抑制のために価格統制を敷く一方で、FRBは金利に上
限を設けた。

　今回、米国など西側諸国は参戦していないので、①のサ
プライチェーンだけが問題となるが、それでも物価の大幅
上昇と財政赤字の拡大は避けられない。米国の150年間に
わたる株式と商品の相対価格をみると、大きな戦争が起き

るたびに、財政赤字が拡大し、「実物資産優位」の状況となることがわかる（図30）。今回も過去と同様、今後10年くらいは、株式よりも商品（モノ）が求められるインフレ（動乱）の時代に移行したと考えるべきだろう。

✦ 主要国の例にもれずロシアでも少子化が進んでいます。国連の統計によると、ロシアの出生数は1990年の199万人から、2000年には126万人に落ち込んでいます。ということは、徴兵対象者の数は4割も縮小したということです。これでは東西の国境を守るには兵力が不足するので、いざという時には核兵器を使うハードルが低くなったと言えましょう。

☰ ＜ウクライナ占領にはロシア全地上軍が必要　週刊エコノミスト2022/4/12＞

今年3月、米国の軍事サイトに、ロシアのウクライナ占領に必要な兵力数を推定した論文が掲載された。安全保障を専門とする著者の結論はこうだ。ロシア系住民が多い東部2州の確保に必要な兵力は約8万人、同数の交代要員も入れると16万人だ。これはロシア地上軍（35万人）の半数弱にあたる。

図30　過去は戦争が起きるたびに「実物資産優位」になっている

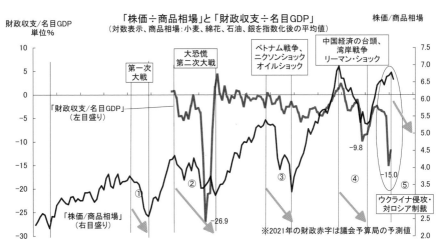

「株価÷商品相場」と「財政収支÷名目GDP」
（対数表示、商品相場：小麦、綿花、石油、銀を指数化後の平均値）

財政収支／名目GDP
単位%

株価／商品相場

（データ出所）アメリカ歴史統計、米財務省、ブルームバーグ

　キエフとオデッサも抑えるなら17万人、交代要員も入れて34万人が必要だ。つまり地上軍のほぼ全数を貼り付けなければならない。そんなことは常識的に無理だ。ロシアの兵役対象（15〜29歳）人口は2005年から22年にかけて1400万人、約4割も減少しており（**図31**）、79年アフガニスタン侵攻時のような長期戦は出来ない。プーチン大統領が当初から、ウクライナ占領の意図はない、と表明しているのはこのためだ。

　ウクライナがロシアの要求（中立宣言と東部2州独立に向けた住民投票の実施）を拒否するなど強気なのは、米国などの軍事援助があるからだ。そんな米国の弱点は、大恐慌

図31 兵役対象人口の減少でウクライナ全土を占領する兵力が不足

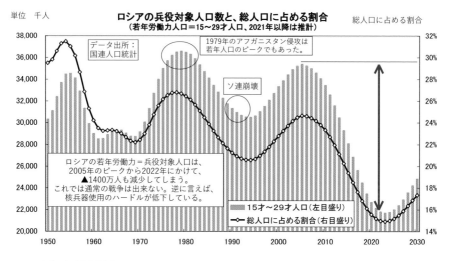

単位 千人

ロシアの兵役対象人口数と、総人口に占める割合
（若年労働力人口＝15～29才人口、2021年以降は推計）

総人口に占める割合

データ出所：
国連人口統計

1979年のアフガニスタン侵攻は
若年人口のピークでもあった。

ソ連崩壊

ロシアの若年労働力＝兵役対象人口は、
2005年のピークから2022年にかけて、
▲1400万人も減少してしまう。
これでは通常の戦争は出来ない。逆に言えば、
核兵器使用のハードルが低下している。

■ 15才～29才人口（左目盛り）
◇ 総人口に占める割合（右目盛り）

（データ出所）国連

時に匹敵するまで膨らんだ債務比率であり、僅かな金利上昇で経済は破綻しかねない。これに対しロシアの強みは、穀物やエネルギーなど1次産品を抑えていることだ。こうした資源の輸出を停止するだけでインフレが加速し、西側諸国はウクライナ援助どころではなくなる。これがロシアの最終兵器だろう。

✦ 今回の戦争で、米国はロシア中央銀行の資産を凍結しました。新興国にしてみたら、外貨準備として米国債を貯め込んでも、ある日突然、売却出来ない資産となるリスクがあるわけです。そんな資産は危ないというので、

海外の買い手がいなくなったのがいまの米金利上昇の一因です。

あなたは、「わたしは金持ち…」と言っているが自分が惨めな者、哀れな者であることが分かっていない。

出せない！

＜始まった新興国の「米ドル資産」外し　週刊エコノミスト2022/7/19＞

　ウクライナ戦争に対し、西側諸国はロシアの中央銀行の資産を押収する禁じ手に踏み切った。諸外国にしてみたら、世界一安全とされる米国債を持っていても安心できない。今回の件は新興国を中心に貿易におけるドル離れを促進し、米国債の保有削減→金利上昇という形で米国自身に跳ね返ってくるのでないか。

　兆しはある。既に2008年のリーマン・ショック時をピークに、海外投資家の米国債保有シェアはずっと低下し、直近は00年以前の水準に戻っている（図32）。代わりに増加したのは新興国の金準備だ。各国とも際限もなく増刷されるドル資産の目減りを懸念しているのだ。昨年からは、海外中銀が保有する米国債残高や、米ドル主体の外貨準備高も減少し始めた（図33）。

　こうした中、ロシアは先月、「中国、インド、ロシア、インドネシア、ブラジル、トルコ、メキシコ、イラン」による経済圏（新G8）の形成を呼びかけた。それと同時に、

図32 外国勢の米国債保有シェアと金準備高は逆相関

米国債に占める　米国債残高に占める海外投資家の割合、および世界の公的金保有量　公的金保有量
海外投資家の割合（米国債：市場性のある国債で短期債を含まない、公的金にはIMF、BIS、ECBを含まない）単位 千トン

（データ出所）FRB、World Gold Council

図33　ロシア制裁以降、海外投資家の米国債離れが加速している

（データ出所）FRB、ブルームバーグ

BRICS5カ国^(注)の通貨で構成される通貨バスケットの創設も提唱した。いずれもロシア制裁に与せず、農産物や非鉄、貴金属、エネルギーの一大産出国が対象である。ルーブルでの輸出代金支払を必須とするロシアにならい、新G8が通貨バスケットでの取引を要求するならば、米ドル主体の戦後経済体制は崩壊の危機に瀕すだろう。まさに「おそロシア」ではないか。

　♂ この新G8には2023年、サウジアラビアも参加する予定です。

第 IV 章

インフレ時代における
投資の本命は貴金属

✦ 前回のインフレから半世紀が経ち、当時のことを知る人は少なくなりました。1981年から40年以上も金利が下がっていたのです。住宅ローンなど現在の経済システムは低金利の持続を前提に設計されているのですから、大きな混乱が起きるのは当然のことです。

　筆者は前著で「金利の上昇とともに長らく安定の時代は終わり、これから2030年に向けて非常識な変化が起きる」と書きましたが、そんなパラダイムシフトはまだ始まったばかりです。

＜1970年代のインフレと金相場　週刊エコノミスト2021/11/30＞

　1970年代は現在と同様、実質金利がマイナスだった（図34）。当時の状況を振り返ると、73年1月に3・6％だった物価上昇率（CPI）は、第一次オイルショックの影響で74年末は12％台に跳ね上がっている（図35）。そして金はこの間の物価高騰に伴って3倍に急騰した。だが長期金利は6・

図34 2度のオイルショック時は実質金利がマイナスだった

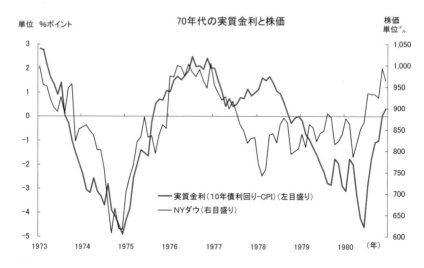

70年代の実質金利と株価

単位 %ポイント

株価
単位ドル

凡例:
― 実質金利（10年債利回り-CPI）（左目盛り）
― NYダウ（右目盛り）

（データ出所）FRB、ブルームバーグ

図35 CPIは第一次オイルショックで3・6%から12・3%に急上昇

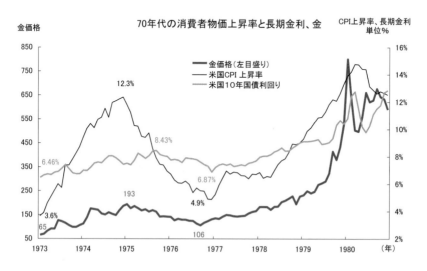

70年代の消費者物価上昇率と長期金利、金

金価格

CPI上昇率、長期金利
単位%

凡例:
― 金価格（左目盛り）
― 米国CPI上昇率
― 米国10年国債利回り

（データ出所）FRB、ブルームバーグ

5％から8・0％程度の上昇にとどまり、CPIに追いつくことはなかった。

これはFRB（米連邦準備制度理事会）の中で、「物価上昇は偶発的事件による一時的現象だ」という思いこみがあり、積極的に対処しなかったからだ。実際、物価上昇率は77年には5％程度に低下し、その読みは正しかったかに見えた。ちなみに金はこの間、193㌦→106㌦と半値に急落している。

しかし、その後の第二次オイルショックで物価は再び急騰し、80年には15％に達した。この間、金は76年の約100㌦から80年1月の840㌦台へと爆騰している。これに対し10年債利回りはCPIに追いつくことはなかった。

つまり73年から80年のほとんどの期間、債券利回りはCPIに遅れをとっていた。 これに対し金は物価に連動し、76年の価格底入れ時は物価の反転より2ヶ月も早かった。いま金価格は年初から低迷している。だが今後、70年代のような物価上昇があると読むなら、いまの安値は絶好の買い場だろう。

＜1973年の軌跡をなぞる米インフレ率　週刊エコノミスト2022/5/24＞

　FRBは20年3月のコロナ禍の蔓延以降、22年4月15日までに米国債を3・5兆ドル（約450兆円）も買った。だが、その過程で10年債先物価格は15％も下落している。つまりFRBはこの2年間に購入した国債で、数千億ドル相当の損失を抱える計算となる。

　このように債券市場の岩盤には大きな亀裂が入っている。物価は73年のオイルショック時と同じペースで上昇しているのだから、それも当然だ（図36）。

　だが半世紀前と違って株価は堅調だ。物価が上がれば金利も上がって株価は下がる。今回、そんな「常識」と異なるのは、インフレの怖さを知る投資家が少ないせいからなのか。それとも物価も株価も上がる超インフレ到来の暗示なのか。

＜インフレ高進で高まる金の存在感　週刊エコノミスト2022/8/23＞

　金は金利がつかないので、普段は実質金利（名目金利－予想インフレ率）と連動する（図37）。物価連動債の利回

図36　昨年春以降の物価上昇パターンは1973年と同じ

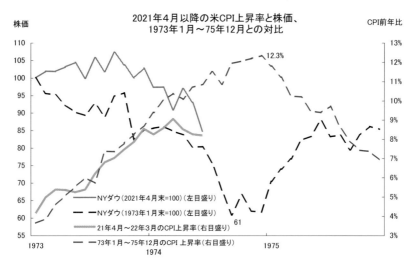

2021年4月以降の米CPI上昇率と株価、
1973年1月〜75年12月との対比

株価

CPI前年比

- ── NYダウ(2021年4月末=100)(左目盛り)
- ── NYダウ(1973年1月末=100)(左目盛り)
- ── 21年4月〜22年3月のCPI上昇率(右目盛り)
- ── 73年1月〜75年12月のCPI上昇率(右目盛り)

(データ出所)米労働統計局、ブルームバーグ

図37 実質金利の上昇度合いに比べ金の下げ幅は小さい

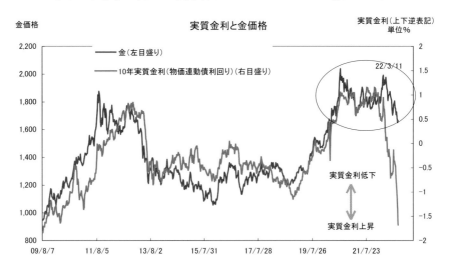

金価格

実質金利と金価格

実質金利(上下逆表記)
単位%

- ── 金(左目盛り)
- ── 10年実質金利(物価連動債利回り)(右目盛り)

22/3/11

実質金利低下

実質金利上昇

(データ出所)セントルイス連銀、ブルームバーグ

りで表される実質金利の直近のピークは0・71%で、2019年3月以来の水準だ。だが当時の金価格は約1300㌦だったのに対し、現在は1700㌦台と3割も上だ。

　また今年3月以降、銅やアルミが3〜4割も下落する中、金は13%安にとどまる。それだけ押し目買いが強いわけで、先行きの金急騰を予感させる。

　筆者が試算する「金の時価総額÷（米債残高＋米株時価総額）」は、80年にピークアウト後はインフレの収束で急低下した（図38）。その後、同比率は00年に底打ちするが、今も12%程度でしかない。だが同比率に影響を与えるインフレ率は81年以来の水準にある。金は今後、実質金利がどうなろうと、金融市場に対する存在感が高まっていくだろう。

> **新約聖書　ヨハネの黙示録6−6**
> わたしは四つの生き物の間から出る声のようなものが、こう言うのを聞いた。「小麦は1コイニクスで1デナリオン、大麦は3コイニクスで1デナリオン。オリーブ油とぶどう酒を損なうな。」

図38 過去、金融市場の規模に対する金の比率はCPIに連動してきた

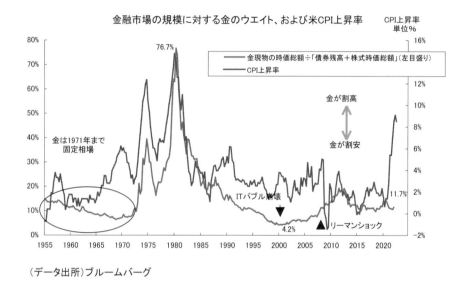

金融市場の規模に対する金のウエイト、および米CPI上昇率

（データ出所）ブルームバーグ

≡ ＜インフレ時代の次の本命は「銀と小麦」 週刊エコ
≡ ノミスト2022/5/17＞

　世界は約80年ごとに政治経済が一変するパラダイムシフトに直面してきた。1780年代のフランス革命、米国独立戦争、天明の大飢饉、1860年代のドイツ・イタリア国家統一、米国南北戦争、幕末・明治維新、そして1940年代の世界戦争がその事例だ。1860年代の変動では現在につながる近代国家が誕生し、先の大戦は旧体制を一掃した。

　日本の場合、古い国家体制が壊れる過程で、米価や商業地地価は数年足らずの間に8 〜 10倍になった。米国でも南

北戦争や大恐慌で金価格が2倍以上になっている（**図39**）。

　次の2020年代はどうか。筆者は来るべき危機はデフレではなくインフレになると述べてきた。世界的規模でマネーが濫発されたからだ。20年3月のコロナ禍から始まって今回のウクライナ戦争で、インフレ昂進を伴うパラダイムシフトの到来は現実味を増した。

　ではそんな時代に有望な投資先は何か。過去半世紀に亘る各種商品や株式の「実質価格」（名目価格÷物価指数）にヒントがある（**図40**）。80年周期の混乱期となる以上、安定期に買われた株式はダメで、過去の実質最高値から時間が経過し、割安に放置されたものが狙い目だ。だとすると、本命は70年代の高値にほど遠い銀や小麦ではないか。

　♂⁺これから金はさらに値上がりすると予測する方はたくさんおられます。筆者もその一人ですが、各国の中央銀行も金の保有を増やそうと考えているはずです。ロシアが22年3月、金1tozあたり5000ルーブルで買い取ると発表した途端に、ルーブルが高騰した様子を目の当たりにしたからです。

　だとすると、金はこの先、国家が管理する資産として、個人が自由に売買できなくなる可能性もありそうで

096

図39 米国でも1860年代と1930〜40年代に金が急騰している

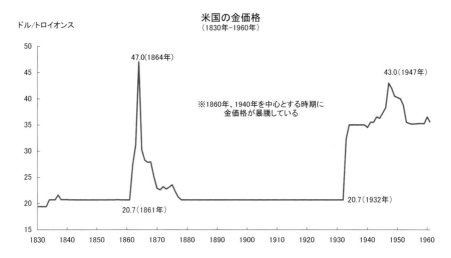

米国の金価格
（1830年−1960年）

ドル/トロイオンス

※1860年、1940年を中心とする時期に
金価格が暴騰している

47.0（1864年）

43.0（1947年）

20.7（1861年）

20.7（1932年）

（データ出所）アメリカ歴史統計

図40　高値から時間が経過し、今なお割安な銀と小麦が有力

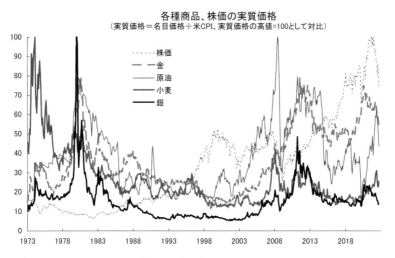

各種商品、株価の実質価格
（実質価格＝名目価格÷米CPI、実質価格の高値=100として対比）

‥‥‥ 株価
――― 金
――― 原油
――― 小麦
――― 銀

（データ出所）米労働統計局、ブルームバーグ

す。そんなバカなと思われるかもしれませんが、米国では1933年から1976年まで個人の金保有が禁じられていたのです。その点、銀はそうした制約はありませんでした。

　筆者は、もしインフレで紙幣の信用が失われるようなことがあれば、国家は金ではなく、量が確保できる銀貨を発行するのではと考えています。そんなこともあって、今は金に対し割安に放置されている銀ですが、今後は値上がり余地が大きいと思うのです。

＜ロシア「金本位制」はドル基軸に打撃　週刊エコノミスト2022/4/26＞

　ロシア中央銀行は3月25日、6月30日までの間、1グラム（g）あたり5000ルーブルで金を購入すると発表した。国際市場で1g約62ドルで取引されている金を5000ルーブルで買い取るのだから、1ドル＝約81ルーブル（5000ルーブル÷62ドル）となる計算だ。実際、3月中旬に1ドル100ルーブルで取引されていたロシア通貨はその後、84ルーブルと、金の買い取り価格から算出した理論値近辺まで買われた。

　為替だけでなく、金もロシア中銀の買い取り価格に収斂している。金1toz（約31・1g）は15万5500ルーブルだ。ルーブルの対ドル理論値は約81なので、金の妥当値は1toz=約

1920ドル（15万5500÷81）となる。だからであろう、最近の金価格は1930ドル近辺で推移している。

注目は、ロシアはいま諸外国に、石油や農産物の代金をルーブルで支払うよう要求していることだ。1970年代前半、米国は石油決済代金をドルに限定する体制を構築した。いまロシアは金とルーブルをリンクさせることで、同じような仕組みを作りつつある。

ロシア中銀のオファーは、金現物の需要を増加させる一方で、国際貿易における米ドルの地位を低下させ、場合によっては、基軸通貨の座を揺るがす端緒になりかねない。西側諸国の経済制裁は、思わぬ形で自分たちに跳ね返ってきた。

筆者が知る限り、ロシア中銀が7月1日以降も金を買い取りを続けるという報道はありません。22年後半の金価格低迷はこのためかもしれません。しかしロシア中銀が1グラムあたり5500ルーブルで金を購入すると発表したら、その途端に金は急騰することでしょう。

≡ ＜インフレに苦しんだ元朝の教訓　週刊エコノミスト2021/1/19＞

　世界的な通貨膨張策の帰結を考える上で、「文明の血液－貨幣からみた世界史」（湯浅赳男・新評論）に記された中国・元朝の事例は興味深い。

　宋代に誕生した紙幣制度が普及したのは13世紀前半のオゴタイ汗の治世下だった。インフレで滅亡した前王朝の轍を踏まないよう、紙幣発行に上限を設け、銀との兌換も保証した。紙幣の作成コストは低く、政府の利得が大きかった反面、一旦インフレに陥ったら体制危機となる危険があったからだ。

　1260年に即位したフビライ汗は、紙幣の使用を法制化し、納税も紙幣で行わせた。だが、その後は二度の元寇などで戦費が嵩み、1274年からの13年間で通貨発行量は20倍に増加、銀との兌換も取り止めた。このためインフレが進み、旧紙幣の5分の1しか価値がない新紙幣を3度も発行。最初の元寇後の80年間で物価は125倍になった。その後は紙幣の通用を強制できなくなり、元朝自体も1368年に滅亡する。

　フビライ汗の故事から約700年後の1971年、米ドルも金の裏打ちから外れ、ペーパーマネーとなった（ニクソン・

ショック)。その後の50年間で広義の通貨発行量である中央銀行資産は86倍、金は55倍に上昇した。後になるほど通貨価値を切り下げた元朝と同じで、今後はインフレ昂進の度合いが強まるのでないか。

新約聖書　ヨハネの黙示録3-17、18

あなたは「わたしは金持ちだ。満ち足りている。何一つ必要なものはない」と言っているが、自分が惨めな者、哀れな者、貧しい者、目の見えない者、裸の者であることが分かっていない。そこであなたに勧める。裕福になるように、火で精錬された金をわたしから買うがよい。

第 V 章

アメリカの衰退

✦ 筆者が子供の頃、米国は見上げる存在であると同時に、誰もが銃を持っているという怖い国でした。長じてNYに行く機会があったのですが、銃声が聞こえることはなく拍子抜けしました（笑）。しかし今なら、そういう場面に遭遇する可能性も決してゼロとはいえません。

＜低下する平均寿命、内側から衰退する米国　週刊エコノミスト2022/9/13＞

　米カリフォルニア州では2014年、刑務所の過密状態を減らす方法として、950㌦以下の万引きや窃盗は重罪ではなく軽犯罪とする法案が施行された（Proposition47）。その結果、「電卓持参で総額950㌦以内に収めた盗品をバッグに詰め込んで店外の仲間に渡し、すぐに戻って同じことを繰り返す」窃盗グループが横行することとなった。昨年末には、サンフランシスコの百貨店に50～80人が集団で乱入し、衆人環視の下、営業中の店内から商品を略奪する事件も起きている。

また直近では、同地の高級住宅地に住む不動産会社社長が、数人の男に銃を突きつけられる事件が起きた。氏は「シスコは衰退の道を歩み、二度と立ち直れないだろう」と語ったが、それも当然だ。

　窃盗のみならず、銃を使った殺人も全米各地で増加している。例えば今年7月には、4人以上の死傷者が出る事件が96件発生し61人が死亡した。こうした大量銃撃事件はコロナ禍が拡がった20年3月以降の2年半で倍増した（図41）。今や米国は内側から崩壊し始めている。

≡ ＜平均寿命で中国に追いつかれた米国、コロナと人口統計からみる主要国の今＞

JBpress 2022.9.2　前世紀のスペイン風邪ほどの死亡率ではないが、コロナは世界の勢力図にも影響か

▪ 日本の出生数は異常な低水準に

　厚生労働省が8月30日に公表した人口動態統計（速報値）によると、2022年1～6月の日本の出生数は前年同期比で5.0％も減りました。あらためて新型コロナウイルス感染症の拡大による「産み控え」を印象づけたと言えそうです。

　日本の人口統計をみると次の2点が注目されます。1点目

図41 大量銃撃事件はコロナ禍が広がった2020年3月以降で倍増

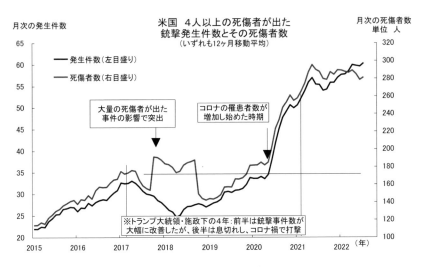

（データ出所）米Wikipedia

は冒頭で触れた出生数で、2021年の年間で81万人と、1873年以来の水準に減少しました（「日本帝国人口動態統計」など各種資料による）。当時の総人口が3500万人だったことを思えば、今の出生数は異常な少なさです。2点目は死亡者数で、2021年は144万人と戦後では最大となりました。ただ、戦時中を除くピークとなった1918年には辛うじて届いていません（**図17**…**前出**）。

1918年の死亡者数が149万人に急増したのは、スペイン風邪の世界的流行によるものです。その前年、日本の総人口は5400万人だったので、人口の占める死亡率は2.75％と

驚異的な水準だったと言えるでしょう。

　歴史人口学研究の第一人者だった速水融氏の『日本を襲ったスペイン・インフルエンザ』（藤原書店）によると、当時の新聞紙面は、「罹患者の5％が死亡、郵便配達に支障を来す。市電も間引き運転」といった見出しであふれ、その新聞も「社内罹患者増大のため頁数縮小」を通告せざるを得なかったそうです。

▪ **スペイン風邪では株価も下落した**

　世界人口が18億人程度でしかない中、5000万人が犠牲になったというスペイン風邪の流行は、1918年から19年にかけて3波に及びました。特に18年秋の流行は猖獗を極め、11月の第一次世界大戦終結につながったほどでした（図42）。また当初は上げ基調だった株価も、流行1波、2波とも死亡者数の急増をみて下落しています。

　このように世界を恐怖に陥れたスペイン風邪と比べると、2020年3月から本格的に流行した新型コロナは、はるかにマシだと言えそうです。

　海外サイト、「Our World in Data」のデータによると2022年8月中旬時点で、世界の延べ感染者数は、2020年2月からの累計で6億人、死者数は660万人。延べ感染者に対する死

図42 スペイン風邪の流行はあまりにも深刻だったので大戦も終結した

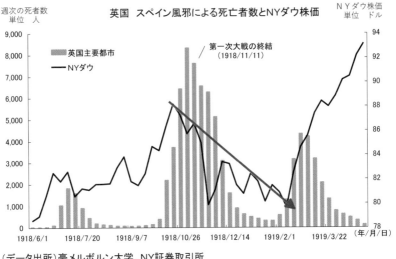

週次の死者数
単位 人

英国 スペイン風邪による死亡者数とNYダウ株価

ＮＹダウ株価
単位 ドル

（データ出所）豪メルボルン大学、NY証券取引所

亡率は1.08％となります。

　世界の人口総数（79億人）に対する割合をみると、累計ベースの感染率は0.76％で、死亡率に至っては0.08％にとどまります。スペイン風邪の死者数は5000万人（諸説あり）とされ、当時の人口推計18億人に対する比率は2.77％となります。数字上は、今回のコロナは比べものにならないほど軽微です。

　それなのに世界経済に多大な影響を与えているわけです。誤解を恐れずに言うと、今回のコロナ禍がスペイン風邪並みの猛威を振るわなかったことは不幸中の幸いだったかもしれません。

米兵がいっぱい
ワクチンした
のよね。

・コロナ禍で平均寿命が1.5歳も短縮

　このデータを分析して興味深いのは、各国・地域で人口
1000人あたりの感染率や感染した場合の死亡率に大きな
差があることです。例えばフランスやイスラエル、オラン
ダは国民の2人に1人が感染したのに対し、インドやアフリ
カ、中国は国民の多くが感染していません（**図43**）。途上
国では「コロナ」と診断されていない人が多い可能性があ
るとはいえ、先進国のほうがコロナに感染する確率が高い
ようにみえます。

　ただし、感染した場合の死亡率は新興国のほうが大きい。
ここで注目は米国の死亡率が1.11％と世界平均（1.08％）
を上回っていることです。日本と比較した場合、単位人口
あたりの死者数は日本の10倍、感染した場合の死亡率も日
本の5倍と大差があります。

　コロナ禍以前に米国の平均寿命は伸び率が趨勢的に鈍化
しており、日本など他の先進国との格差が年々、拡大して
いました。世界銀行のデータによると、2020年の米国の平
均寿命はコロナ禍の影響もあって前年比1.5歳も短くなり、
20年前は5歳以上も差があった中国に追いつかれてしまっ
ています（**図44**）。

図43 先進国のほうがコロナに感染する確率が高いのはなぜ？

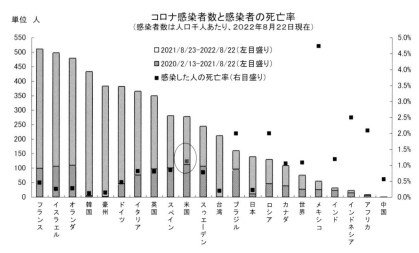

コロナ感染者数と感染者の死亡率
（感染者数は人口千人あたり、2022年8月22日現在）

単位 人

□ 2021/8/23-2022/8/22（左目盛り）
▨ 2020/2/13-2021/8/22（左目盛り）
■ 感染した人の死亡率（右目盛り）

（データ出所）Our World in Data

図44 米国の平均寿命は著しく低下し、中国と同じ水準になった

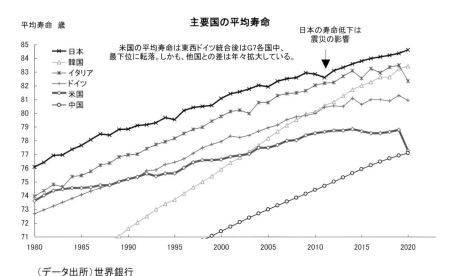

主要国の平均寿命

平均寿命 歳

米国の平均寿命は東西ドイツ統合後はG7各国中、
最下位に転落。しかも、他国との差は年々拡大している。

日本の寿命低下は
震災の影響

― 日本
― 韓国
― イタリア
― ドイツ
― 米国
― 中国

（データ出所）世界銀行

図45 米国は乳幼児（5歳未満）の死亡率も世界50位で新興国並み

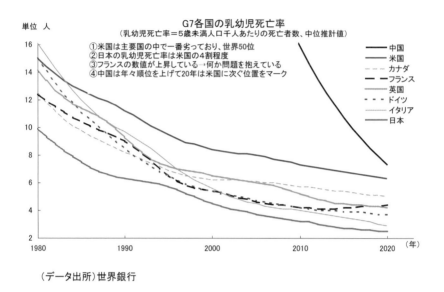

G7各国の乳幼児死亡率
（乳幼児死亡率＝5歳未満人口千人あたりの死亡者数、中位推計値）

単位 人

①米国は主要国の中で一番劣っており、世界50位
②日本の乳幼児死亡率は米国の4割程度
③フランスの数値が上昇している→何か問題を抱えている
④中国は年々順位を上げて20年は米国に次ぐ位置をマーク

凡例：中国／米国／カナダ／フランス／英国／ドイツ／イタリア／日本

（データ出所）世界銀行

▪ 米国は乳幼児死亡率にも大きな課題

　米国は乳幼児（5歳未満）の死亡率も芳しくありません（**図45**）。世界では50位にとどまります。フランスの人口学者、エマニュエル・トッド氏はかつて、乳幼児死亡率の上昇をみてソ連の崩壊を予言したといいます。

　米国の乳幼児死亡率は上昇こそしていませんが、そのレベルは他のG7各国とは違い過ぎます。このことは社会の内部に相当な問題を抱えており、世界の覇権国として君臨した時代の終焉が近いことを示しているように思います。

　なお図45について付け加えると、フランスの乳幼児死亡

率が上がっているのは、かつてのソ連と同じ現象です。ここはエマニュエル・トッド氏の見解をぜひ伺いたいものです。

≡ ＜金準備高が示す米国の長期衰退　週刊エコノミスト2022/1/4＞

　2021年3月、日本が保有する金準備高は約81㌧増加した。過去に財務省が購入した金を外国為替資金特別会計に付け替えた結果、戦前の金準備高ピークを100年ぶりに塗り替えた。それ以上に重要なのは、日本は1979年以降で金準備を増やした初の先進国となったことだ。

　78年11月、米国はインフレ昂進や経常赤字拡大でドル安が止まらなくなった。このため各国と協調為替介入を行うと同時に、金利を上げてドル防衛を図った（カーターショック）。以来、先進国の金準備は全く増えていない。ドル防衛策の一環として、そのような密約が交わされたらしい。今回の日本の金準備増強は、その禁を変則的に破ったようにみえる。

　今から70余年前、米国の金準備高は世界の65％（2・1万㌧）もあった（図46）。それが戦後の復興支援や戦争で金が海外に流出し、ドルと金の兌換を停止した71年時点では25％（9千㌧）まで激減していた。だが不思議なことに、そ

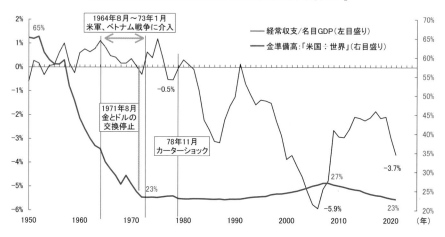

図46 米国の金準備高はかつて世界の65%もあった→今は23%

米国の世界に占める金準備高シェアと「経常収支/名目GDP」

1964年8月〜73年1月
米軍、ベトナム戦争に介入

── 経常収支/名目GDP（左目盛り）
── 金準備高：「米国：世界」（右目盛り）

1971年8月
金とドルの
交換停止

78年11月
カーターショック

65%
−0.5%
23%
27%
−5.9%
23%
−3.7%

（データ出所）米経済分析局、World Gold Council

の後は経常赤字が拡大しても金準備高は減らない。

08年の金融危機以降、海外投資家の米国債保有シェアは急低下する一方で、新興国などの金準備は急増している。各国とも金の裏付けを欠いたまま増刷が進むドルの先行きに不安を抱いているはずで、日本もその例外ではないのだろう。

ピチ？
トラの子

90年7月から32年ぶり
ドル円 151.94円での
介入に、使ってないよね？
↑
2022年10月

第 VI 章

中国経済の失速

✧ 米国が20世紀の100年間で費消したセメントの総量は、いまの中国の2年分でしかありません。こうしたプロジェクトは借金で賄われているわけです。バブル崩壊後の日本企業は宴が終わった瞬間に、その返済資金をどうするかという問題に直面しましたが、今の中国も同じ轍を踏んでいます。ただし日本のバブル崩壊は世界には何の影響もありませんでしたが、中国の場合はそうではありません。

＜中国経済は不振長期化か、非鉄相場が暗示する世界共倒れリスク＞

JBpress：2022.7.7　上海など大都市でのコロナ制限解除、政府の景気刺激策も鈍い反応

・民間債務比率は日本のバブルと酷似

　日本経済の長期停滞は「失われた30年」とも言われるようになりました。発端は、昭和の終わりから平成にかけて

のバブルであり、その処理に失敗したことにあります。

　1986年に162%だった日本の民間債務比率（民間債務総額÷名目国内総生産）は、3年後の1989年には200%の大台を突破しました。不動産向けを中心に銀行はどんどん貸し付けを増やしました。

　ですが、1990年のバブル崩壊に直面してからも、その比率は下がりませんでした。不良債権の増加を糊塗したい銀行が、実質倒産企業の利払い分まで融資したからです。いわゆる追い貸しです。バブル崩壊後も債務比率が増加したのはこのためです。

　データを見ると、いま似たような動きが見られる国があります。中国です。**図47**のグラフにあるように、中国の民間債務比率の推移はバブル崩壊前後の日本と瓜二つです。

　2021年秋に巨額の債務を抱える中国の不動産開発大手、恒大集団（エバーグランデ）の経営危機が表面化しました。さらに同業他社も同じような苦境にあることが明るみに出ました。こうした実態が隠されていたのは、1990年代の日本と同様に、国有銀行などが問題企業の利払い分まで追い貸しをしていたからではないでしょうか。

図47 中国の民間債務比率の推移はバブル崩壊前後の日本と酷似

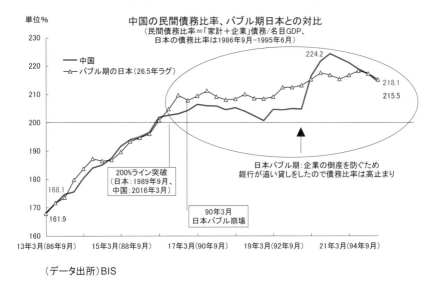

中国の民間債務比率、バブル期日本との対比
（民間債務比率＝「家計＋企業」債務/名目GDP、
日本の債務比率は1986年9月−1995年6月）

単位%

---中国
-△-バブル期の日本（26.5年ラグ）

224.2
218.1
215.5
168.1
161.9

200%ライン突破
（日本：1989年9月、
中国：2016年3月）

90年3月
日本バブル崩壊

日本バブル期：企業の倒産を防ぐため
銀行が追い貸しをしたので債務比率は高止まり

13年3月（86年9月）　15年3月（88年9月）　17年3月（90年9月）　19年3月（92年9月）　21年3月（94年9月）

（データ出所）BIS

▪株・債券は4カ月連続で海外マネーが流出

　そうした隠蔽工作が限界に達したことで経営危機の表面
化したのだとすれば、先行きは1990年代後半の日本と同じ
経路をたどる恐れがあります。

　中国ならではの事情を考えると事態は日本のバブル崩壊
より深刻です。中国は企業と地方を含めた政府との一体感
が強く、仮に恒大集団が破綻すると、外貨を必要とする中国
企業全体の資金繰り難に直結しかねません。他の国と違っ
て一企業の破綻が他に及ぼす影響が大きいのです。

　実際、2月から8月までの7カ月間で、株式や債券から約
1550億ドル（約23兆円）もの海外マネーが流出しているの

です（図48）。こうした動きに伴って人民元の対ドル相場も軟調に推移しています。

　世界経済における中国の影響力は巨大なものとなりました。1990年代後半の日本とは異なり、もし中国バブルが崩壊すると全世界が共倒れとなるリスクがあります。

　国連の統計によると、中国の実質GDP（国内総生産、2020年）は世界の18％を占めます。それ以上に注目すべきは、その構成項目である総固定資本形成（設備投資）の大きさです。2010年以降、米国を抜いて最大となり、世界に占める割合はほぼ3割を占めるのです（図49）。

　急速な経済成長を遂げる過程で設備投資に不可欠な原材料の需要が増大し、中国は非鉄などの消費シェアで軒並み世界の過半数に至りました（図50）。

　例えば、中国の銅消費量は世界の58％を占め、1920年代の米国（58％）以来の占有率となりました（図51）。セメント生産量も世界の57％と世界の過半となります。21世紀に入ってから21年間で使ったセメントは、米国が20世紀の100年間に消費した総量の8倍になるのです（図52）。

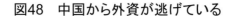

図48　中国から外資が逃げている

単位　億ドル　　　外国人投資家の中国証券・持ち高増減額と上海株価（ドル換算）　　　上海株
（ドル換算）

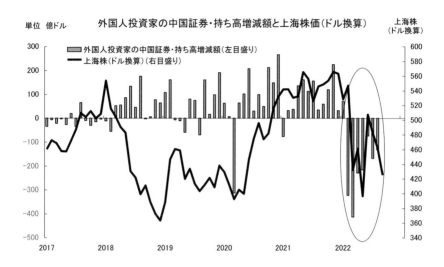

（データ出所）中国国家外為管理局

図49　中国の設備投資額は世界の3割を占めている

総固定資本形成（設備投資）の世界シェア
（ドル換算、実質ベース）
※西欧7カ国：英仏独伊蘭西スイス

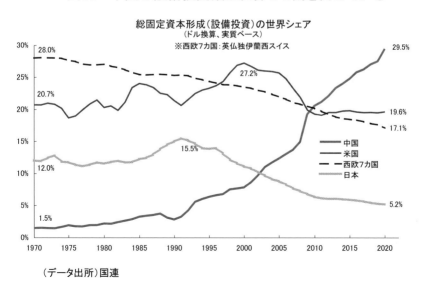

（データ出所）国連

図50 中国の素材消費量は軒並み世界の過半を占める

中国の各種生産・消費　その世界シェア

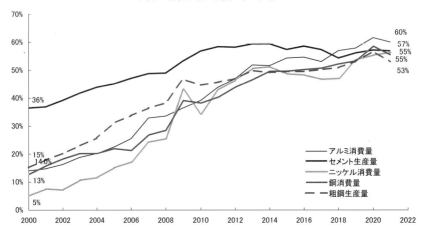

（データ出所）World Metal Statistics、USGS、世界鉄鋼協会

図51 中国の世界に占める銅消費量シェアは20世紀初頭の米国と同じ

米国と中国の世界に占める銅消費シェア

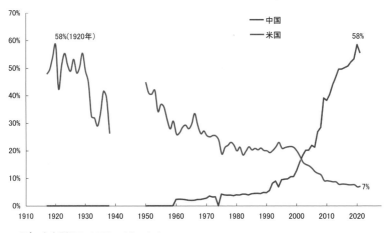

（データ出所）World Metal Statistics

図52 米国が20世紀の100年間で費消したセメントを中国は2年で使い切る

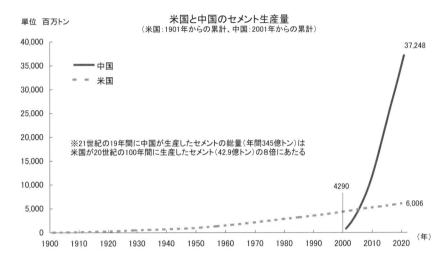

単位 百万トン

米国と中国のセメント生産量
（米国：1901年からの累計、中国：2001年からの累計）

※21世紀の19年間に中国が生産したセメントの総量（年間345億トン）は
米国が20世紀の100年間に生産したセメント（42.9億トン）の8倍にあたる

（データ出所）アメリカ歴史統計、米地質研究所（USGS）

≡ ＜中国の住宅価格下落が示唆、日本の「失われた30年」より長い混迷リスク＞

JBpress…2022.7.29　不動産市場は早まった人口減社会を先取りした動きではないのか

・日本を下回る合計特殊出生率に

　今年6月、国連の人口推計（World Population Prospects）が3年ぶりに更新されました。それによると、中国の人口は今年、1949年の建国以来、初めて減少に転じる見通しになっています（図53）。

図53 中国の総人口は2021年にピークを迎えた

中国の人口と前年比

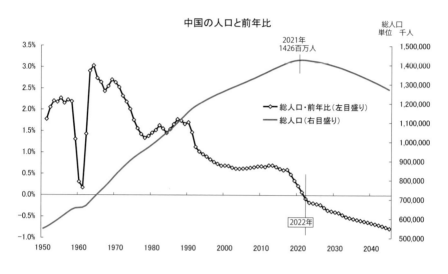

（データ出所）国連

　同じ人口推計の2019年版では、中国の人口は2031〜2032年にピークアウトすると予想していたので、人口減少の分岐点は従来より10年も早くなった計算になります。1980年代の終わりに2.6人だった合計特殊出生率（15〜49歳までの女性の年齢別出生率を合計したもの）も、昨年は1.15人まで減少しています。

　ちなみに米国や豪州では1.6人で、高齢化が進んでいる日本でも1.3人ですから、中国の少子化が急速に進んでいることがわかるというものです。

その理由は、国民が少人数家庭に慣れてしまったこと、そして生活費（教育費を含む）の上昇だと言われています。「一人っ子政策」の影響で男女比率が男子に偏ってしまい、妊娠適齢期の女性の割合が少ないことも要因の一つです。

中国の人口はこれから2040年に向けて年率0.4％の割合で減り、同年には現在より1億人も減少する見込みです。15 〜 64歳の生産年齢人口も、2040年には2016年につけたピーク（10億人）から14％、人数にして1億4000万人も減るのです。

こうした生産年齢人口の減少は、経済成長の大幅な減速につながります。

▪ 2024 〜 27年が中国最後の輝きに

実際、中国のエネルギー消費量の伸び率は2004年、実質GDP（国内総生産）の伸び率は2007年がピークで、生産年齢人口の増加数ピーク（2005年）とほぼ同じ時期でした。その後は生産年齢人口の増勢が衰え、エネルギー消費量、実質GDPとも伸び率が鈍化しています（図54）。

2016年からは生産年齢人口の総数自体が前年比でマイナスとなっており、もはやかつてのような高度経済成長は

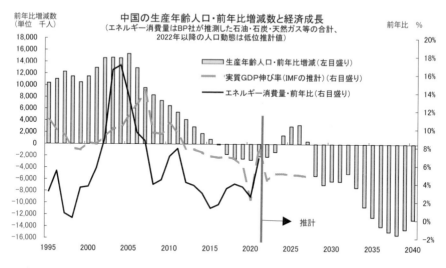

図54　生産年齢人口の増勢とエネルギー消費量、実質GDP伸び率は連動

中国の生産年齢人口・前年比増減数と経済成長
（エネルギー消費量はBP社が推測した石油・石炭・天然ガス等の合計、
2022年以降の人口動態は低位推計値）

前年比増減数
（単位 千人）

前年比 ％

- 生産年齢人口・前年比増減（左目盛り）
- 実質GDP伸び率（IMFの推計）（右目盛り）
- エネルギー消費量・前年比（右目盛り）

推計

（データ出所）BP、国連、IMF

　なさそうです。この先の推計では、2024 〜 2027年に一時
的に生産年齢人口が増えるので、そこが中国経済が輝く最
後の局面となるでしょう。

　この人口動態の変化を踏まえて、中国の住宅市場を考え
てみます。波及効果の大きい住宅は内需の柱です。
　いま中国における主要70都市の新築住宅の平均価格は、
10カ月連続で前月を下回っています。コロナ禍の長期化な
ど様々な要因がありますが、より根本的には今年から始ま
る人口減少を反映していると考えるべきでしょう。つまり、
住宅価格の下落は中長期的な需給に基づく構造的なものな

のです。

　だとすると、巨額の負債を抱えた不動産デベロッパーは立ちゆかなくなります。そうした業者に融資した銀行を巻き込んで金融危機に陥る可能性があります。そして、それは既に始まりつつあります。

　中国の不動産ビジネスでは、物件の引き渡し前に代金を決済することが一般的だそうです。ところが不動産バブルの崩壊で、決済後に建築工事が止まって引き渡しを受けられない案件が続出しています。これに対し、未完成物件の所有者がローンの支払いを拒否する動きが全国に拡がりました。これには強面で知られる当局も対処不能の有様となっています。

▪ 証券市場から海外マネーが逃避

　ロイターの報道によると「4大国有銀行を中心に最大1兆5000億元（約30兆円）の住宅ローンが未完成住宅プロジェクトに関連する」というのですから穏やかではありません。銀行が未完成の物件を差し押さえても貸したお金の回収は難しく、社会の安定と金融の安定の両方が危うくなる可能性もあり得る状況です。

　こうした状況を見て証券市場から海外マネーが逃げ出し

ています（図48…前出）。それに伴って対ドルの為替相場がピークアウトしました。国際市場で非鉄の価格が急落したのも同じ時期です（図55）。

　中国が世界消費の過半を占める非鉄は、中国経済不振の影響をモロに受けてしまいます。さらに中国が主な輸入先で、景気変動の影響を受けにくい大豆まで暴落していることは、資金繰りに窮した中国の投機筋が資産を投げ売りしている状況を物語っているのです。
　日本のバブル崩壊も人口動態＝老齢化の進展が遠因でした。中国では全人口に占める65歳以上の割合は急激に高まります。図56は、先に高齢化が進んだ日本と30年ずらして重ね合わせたグラフですが、65歳以上の人口の割合が上がるのは日本よりハイペースです。それだけに中国経済の混迷は長期化し、日本のような「失われた30年」では済まないかもしれません。下手をすれば、現体制の崩壊に発展する可能性もあると見ています。

　✧ 次のコラムでは90年代に世界的な株価暴落→大恐慌の到来を予測したラビ・バトラ教授の分析を紹介します。

図55 中国経済の鈍化(人民元安)に伴って非鉄価格も下落

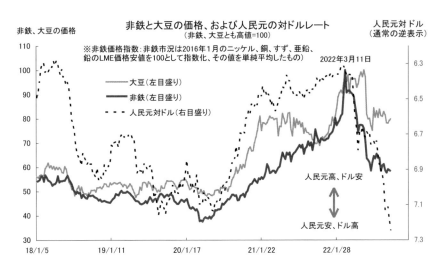

非鉄と大豆の価格、および人民元の対ドルレート
(非鉄、大豆とも高値=100)

非鉄、大豆の価格

人民元対ドル
(通常の逆表示)

※非鉄価格指数:非鉄市況は2016年1月のニッケル、銅、すず、亜鉛、鉛のLME価格安値を100として指数化、その値を単純平均したもの)

2022年3月11日

大豆(左目盛り)
非鉄(左目盛り)
人民元対ドル(右目盛り)

人民元高、ドル安
人民元安、ドル高

(データ出所)LME、ブルームバーグ

図56 中国の高齢者人口の割合は30年前の日本と同じ経路を辿っている

全人口に占める65歳以上人口の割合

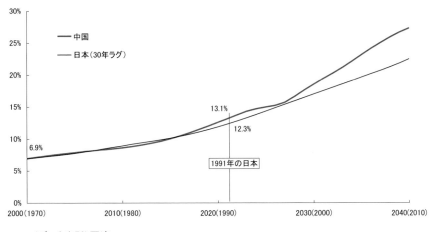

中国
日本(30年ラグ)

13.1%
12.3%
6.9%
1991年の日本

(データ出所)国連

＜一帯一路の参加国に迫る経済危機、「追い貸し」を続ける中国は支えられるのか＞

JBpress…2020/9/16　先進国のインフレ、利上げの影響が再び新興国を直撃しかねない

　米サザン・メソジスト大学のラビ・バトラ教授といえば、1987年に邦訳された『1990年の大恐慌』（勁草書房）で世界的な株価の暴落を予測したことで知られます。この本は少なくともバブルが崩壊した日本株については的中しました。彼の暗い予測はその後、過激さを増して、94年の著書では「西暦2010年までに資本主義が崩壊する」とまで断言したのです。さすがにこの予測は外れ、この頃からキワモノ扱いされるようになりました。

　筆者もかつてバトラ教授の著書を読んだ1人ですが、その結論に至る論拠がいま一つ理解できませんでした。当時はまだインターネットが普及しておらず、著者が挙げたデータを入手できなかったからです。

　それが今なら可能になっています。そこで99年に邦訳された彼の著書（『ラビ・バトラの大予測・世界経済』たちばな出版）をベースに検証してみたところ、ほぼ的中していることがわかりました。

図57 賃金の伸びが生産性の向上に劣るので企業収益は急増してきた

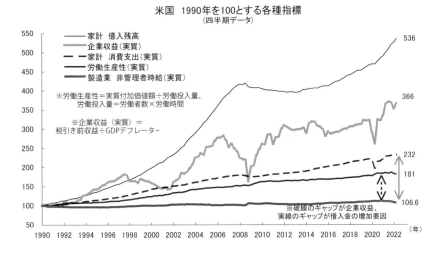

米国 1990年を100とする各種指標
（四半期データ）

（データ出所）米経済分析局、米労働統計局

　バトラ教授の主張の柱は6点あります。最初の4点は、①独占企業の台頭で企業間の競争が阻害される、②賃金の伸びが生産性の向上に劣るため、企業収益は急増、株価も急騰する、③賃金が増えないので、生産と消費の需給バランスは借入金増で維持される、④その需給ギャップが表面化すると、株価は下落し景気後退は不可避となる、といった具合に集約できます。この④は2008年のリーマン・ショックで現実のものとなりましたが、そこに至る過程となる②と③についてグラフを作成してみました（図57）。

まず、1990年第1四半期末を起点に、米国の実質ベースの労働者賃金、労働生産性、家計消費支出、企業収益、家計債務残高の推移をみます。

　この31年間で実質賃金は6.6％（年率0.2％）しか増加していません。これに対し労働生産性は81％（年率1.9％）も改善したことで、企業収益は3.7倍になりました。

　また労働者の実質賃金は横ばいなのに消費支出額は2.3倍になっています。家計債務はそのギャップを埋める形で5.3倍になりました。まさにバトラ教授が指摘した通りの事態が進行しているのです。

▪財政赤字拡大と量的緩和策で問題先送り

　もっとも、日本に関しては、彼が指摘したポイントはそれほどピタッと当たっているわけではありません。

　日本では実質賃金がこの31年間で1割も減少し、生産性とのギャップは米国以上に拡大しています（図58）。

　それなのに日本国内における企業収益は長らく低迷し、改善したのは2013年以降のこととなります。また家計の実質消費は1990年から18％増にとどまり、家計債務も16％増と、消費とほぼ同程度しか増えていません。つまり借金で消費を支える構図にはなっていないのです。これはおそら

図58　日本では実質賃金が1割も減少し生産性とのギャップは拡大

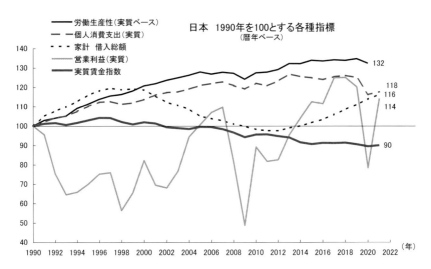

（データ出所）内閣府、財務省、総務省、BIS

く、個人が借金を抱える代わりに政府がその役割を担った
ということなのでしょう（**図59**）。

　バトラ教授が予測した残り2点は、⑤各国は株価下落に
対する処方箋として、赤字財政、通貨供給拡大で問題を先
送りする、⑥その結果、海外マネーに依存する債務国の通
貨は暴落しインフレになる、というものです。つまり、財
政赤字拡大と量的緩和策で問題を先送りしても、債務国の
金融危機発生でより一層、事態が悪化するという予測です。
　実際にどうなったでしょうか。
　2008年のリーマン・ショック後に主要国がとったのは、

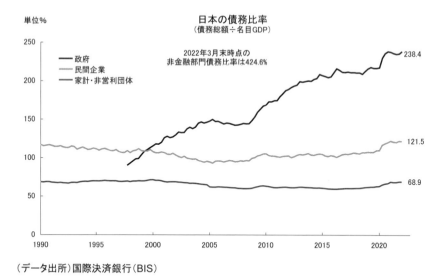

図59　日本では個人が借金を抱える代わりに政府がその役割を担った

単位%

日本の債務比率
（債務総額÷名目GDP）

2022年3月末時点の
非金融部門債務比率は424.6%

- 政府
- 民間企業
- 家計・非営利団体

238.4

121.5

68.9

（データ出所）国際決済銀行（BIS）

⑤の方策そのものでした。だとすると次に起きるのは、⑥のインフレと金融危機です。

・中国は市中金利プラス3%で「追い貸し」も

　その陰鬱な予測が今、現実となり始めています。まだインフレ圧力が顕在化していなかった昨年11月、パキスタンの中央銀行総裁は、「先進国がインフレに対処しなければ、負債が多く外貨準備が十分でない新興国は打撃を受ける」と英紙に語っています。

　この段階で「対外債務÷外貨準備」が大きい経常赤字国は、外貨の流出をきっかけに起きた97年の「アジア金融危

機」の再来がありえると警戒していたわけです。

　こうした「負債が多く外貨準備が十分でない新興国」の中には、今年5月、国家としてデフォルト（債務不履行）に陥ったスリランカをはじめ、パキスタン、アルゼンチンなど、中国が「一帯一路」プロジェクトなどで深く関わった国が数多く含まれます。

　9月11日付の英ファイナンシャルタイムズ紙は、中国は金融危機に瀕している国々に対し秘密裏に数百億ドルの「緊急融資」を実施してきたと報じています。記事の中で、特に上記の3カ国には2017年以降、328億ドルもの融資を実行しており、しばしば市中金利より3％も高利だったそうです。中国は「一帯一路」プロジェクトの危機を、こうした新興国への「追い貸し」で糊塗しようとしていると言えるでしょう。

　しかし、中国もそんな重債務国に関わっている余裕があるはずがありません。中国の証券市場から海外マネーは今年2月から7カ月連続で売り越しています。

・ **ほぼ半値の香港H株は何を意味するか**

　もう一つの危うさを感じるのは香港株が下げ止まらないことです。香港株の表示値は長らく日経平均株価より上で

したが、今は大きく下回っています（図60）。チャートの形状もさらなる下落が暗示される、いわゆる三尊天井を形成しています。

　その元凶は香港H株（香港上場の中国企業株）で、同指数は2021年2月のピークから、この1年7カ月間にほぼ半値に下落しているのです（図61）。これは何か相当、大きな問題を抱えているということです。

　中国は外貨準備が3.4兆ドルもあるので問題ないとの見方もありますが、対外借入も2.4兆ドルあり、それほど余裕があるわけではありません（図62）。

　昨今、中国が台湾に侵攻するのではないかと取り沙汰されています。そんなことをしたら中国はドルの調達ができなくなり自殺行為となります。一帯一路の参加国を支えるどころではなくなってしまうのです。

　🕯️いま香港株が暴落といって良いほどの下げ方をしています。株価が下がっているということは地価も下がっているということです。香港経済の問題は、①地価が異常に高騰していること、②内外の銀行はそんな不動産を

図60　香港株は三尊天井形で暴落。長らく日経平均より上だったのに…

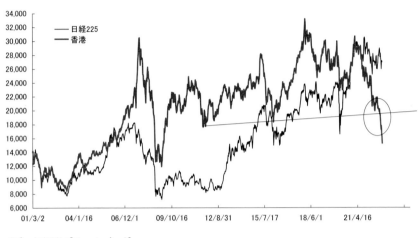

香港株と日経平均

（データ出所）ブルームバーグ

図61　香港上場の中国株は人民元と連れだって暴落

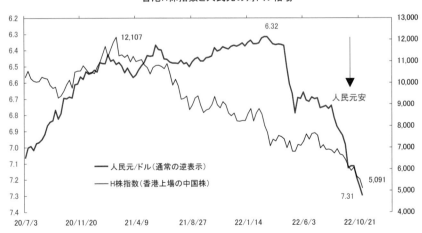

香港H株指数と人民元の対ドル相場

（データ出所）ブルームバーグ

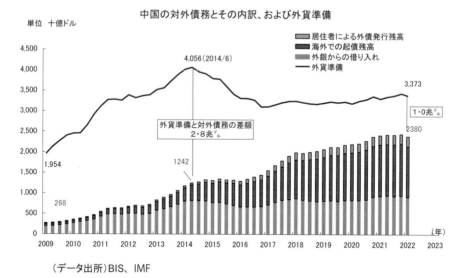

図62 中国は外貨準備が3・3兆ﾄﾞﾙあるというが対外債務も2・3兆ﾄﾞﾙある

中国の対外債務とその内訳、および外貨準備

単位 十億ドル

凡例:
- 居住者による外債発行残高
- 海外での起債残高
- 外銀からの借り入れ
- 外貨準備

4,056(2014/6)

3,373

外貨準備と対外債務の差額
2・8兆ﾄﾞﾙ

1,954

1242

268

1・0兆ﾄﾞﾙ

2380

（年）

2009 2010 2011 2012 2013 2014 2015 2016 2017 2018 2019 2020 2021 2022 2023

（データ出所）BIS、IMF

担保に融資を行っていること、③香港ドルを発券する3
つの銀行はいずれも民間銀行であること、④その内の2
つは英国籍（HSBC、スタンダードチャータード）だが、
規模が大きすぎて、いざというときに英国は救済出来な
い、といったことが挙げられます。

　中国との貸借関係も本当のところはよく分からず、中
国バブルの崩壊と同時に、大きな闇が明るみに出るよう
な気がします。

図63　人民元はドルを裏付けとして発行されている（先進国は自国の国債）

中国人民銀行の資産内訳

（データ出所）中国人民銀行

≡ ＜中国の債務増は日本のバブル期と同じ　週刊エコ ≡ ノミスト2021/10/19＞

　中国では量的緩和策を取ることは難しい。先進国の中銀は自国の国債を担保に通貨を発行する。だが中国人民銀行の資産は米国債など外貨建資産が主だ（**図63**）。つまり人民元はドルの信用を裏付けとしており、足りない分は民間銀行の貸出債権を担保に代用している。その多くは不動産関連融資なので、不動産市況がおかしくなれば人民元の信用も失われる。

＜中国の潜在不良債権は1300兆円　週刊エコノミスト2021/10/26＞

　国際決済銀行（BIS）によると、民間の債務比率（家計と企業の債務合計÷名目国内総生産（GDP））が200％以上の主要国はカナダ、フランス、中国などだ。過去を振り返ると、日本やスペインのバブル崩壊は同比率が200％を突破した後に起きている。

　高債務国のなかでも中国は別格で、銀行借り入れに限ってみても、その残高は2008年〜21年の13年間で163兆元（約2800兆円）も膨張した。この間のGDP増加額は78兆元にとどまる。

　かつて日本の銀行貸出残高はGDP比90％前後で推移していた。それがバブル期になって急増し、90年にはGDPの119％に拡大した（**図64**）。だが、従来ペースより約125兆円（当時のGDPの3割）も貸し出しが増えた結果、後になって、ほぼ同額の不良債権が生じている。

　中国の銀行貸し出しについても同じ計算をすると、07年頃のGDP比110％で推移した場合に比べ、今（注：2022年10月時点）の残高は84兆元（約1700兆円、GDPの7割相当）も過大だ（**図65**）。今回の恒大集団（エバーグランデ）など重債務企業の経営危機も氷山の一角だろう。

図64　バブル期の日本、従来のペース以上に貸した分はほぼ不良債権化

日本 「銀行貸出残高÷名目GDP」

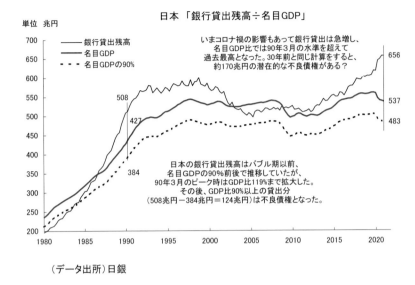

（データ出所）日銀

図65　同じことを中国に当てはめると、その不良債権は1700兆円にもなる

中国 「銀行貸出残高÷名目GDP」

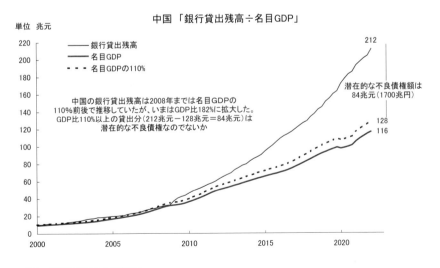

（データ出所）中国人民銀行

図66 日本の「銀行貸出÷名目GDP」もバブル期のピークを抜いている

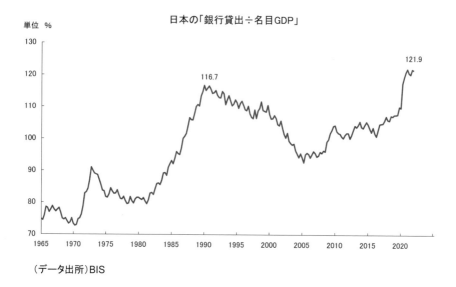

日本の「銀行貸出÷名目GDP」

（データ出所）BIS

　だが危ういのは中国だけでなく日本も同じだ。バブル崩
壊で懲りたはずの邦銀だが、同比率はコロナ禍以降の貸出
増でGDP比122％と90年を上回るからだ（**図66**）。いま中
国で起きていることは、明日の日本で起きてもおかしくは
ない。

　🐦✦ 日本のコロナ禍以降の銀行貸出は急増しており、筆
者はその多くが不良債権化するのでは
と危惧しています。

←エバー
グランデ?

第VII章

日本経済停滞の主因は人口収縮

♂ 巷では日本の先行きを心配する声が多いようです。それは筆者も同じですが、日本は早くからバブルが崩壊し、人々の耐性がある分、諸外国に比べればマシだという見方もできるかもしれません。

　日本から海外に工場が移転し、経済成長が期待できなくなった面は否めませんが、その結果、環境汚染が少なくなり、子孫に美しい国土を残すことが出来たと考えることも可能です。

　いまは幕末や第二次大戦後の混乱に匹敵する新しい時代への端境期です。かつて二宮尊徳は人口減の苦しむ相馬藩の窮状を診断して、「60年の発展、60年の衰退、そして60年の低位安定を経たので、次の60年は再び発展する」と喝破したそうです。

　今の日本もあと10年くらいは大変な局面が続くのでしょうが、これは産みの苦しみです。その後は現在では全く想像も出来ない世の中になるのでしょう。それがどんな世界なのかは誰にもわかりませんが、歴史書で読んだ幕末や敗戦前後の先人と同じ体験をするのだと思えば、

また楽しからずやです。

＜江戸時代にもあった少子化問題　週刊エコノミスト2019/6/11＞

　「日本史再発見」（板倉聖宣著、朝日選書）は、今日の人口問題を考えるうえで示唆に富む。江戸時代、相馬藩の人口や年貢収納量は1720年頃がピークで、その後の60年で人口や年貢収納量は4割以上も減少した（図67）。これは吉宗が出した「新規製造物禁止令」によって、その後の経済が停滞したからだという。

　新田開発事業＝公共工事を削減された結果、農民の収入は減少、生活は困窮する。それなのに藩は、過去と同じ基準で年貢を取り立てたので、農民は子供を育てられない。このため更に収穫が減る悪循環に陥った。そこに天明の大飢饉が起きて人口も年貢も大打撃を受ける。ここで初めて相馬藩は「百姓こそが藩の財産」と気づき、子供が7歳になるまで米を支給、藩政も抜本的に改革して倹約に努めた。だが一度大きく減少した人口は元には戻らない。

　そこで藩は二宮尊徳の指導を仰ぐ。尊徳は超長期の年貢収納量を分析し、「60年周期の発展期、衰退期、低水準の安定期からなる。次の60年間は再び発展期」と喝破した。

図67 人口に比例して年貢収納高も減少した江戸時代の相馬藩

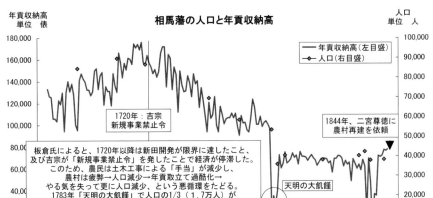

相馬藩の人口と年貢収納高

板倉氏によると、1720年以降は新田開発が限界に達したこと、
及び吉宗が「新規事業禁止令」を発したことで経済が停滞した。
このため、農民は土木工事による「手当」が減少し、
農村は疲弊→人口減少→年貢取立て過酷化→
やる気を失って更に人口減少、という悪循環をたどる。
1783年「天明の大飢饉」で人口の1/3（1.7万人）が
餓死したことで、藩は百姓が財産という現実に目覚め、
子供手当の支給や移民の受入など人口増加策を導入。
しかし最後は二宮尊徳に農村の再建策を依頼という経緯を辿る。

1720年：吉宗
新規事業禁止令

1844年、二宮尊徳に
農村再建を依頼

天明の大飢饉

天保の大飢饉

（データ出所）相馬市史（年貢収納量）、板倉聖宣氏（人口）

　翻って現在、出生数が明治初期の水準まで落ち込む中、勤労者の残業代は「働き方改革」で削減され、消費税増税も予定されている。かつての相馬藩が悟ったように、政府には「国民こそが日本の財産」を意識した政策を期待したい。

　　次は1997年から成長が止まった日本経済の現状をみてみましょう。石油メジャーのBP社が毎年発表するエネルギー統計は、全世界のアナリストが注目する統計です。

　　そのなかには化石燃料や水力、原子力、太陽光といっ

たエネルギーの消費総量を集計したデータもあります
が、とても革新的な省エネがなされない限り、エネル
ギーの消費総量と経済活動は連動するはずです。ところ
が日本では2012年頃から、エネルギー消費と名目GDP
のギャップが拡がっています。それだけ省エネが進んだ
のだろうとは思いますが、GDPが過大に表示されている
可能性はないのでしょうか。

≡ ＜減少が加速する日本のエネルギー消費　週刊エコ ≡ ノミスト2022/8/2＞

　英BP社が2022年版のエネルギー統計を発表した。主なポ
イントは、①21年の1次エネルギー消費量（石油、天然ガ
ス、石炭、再生エネルギー等の合計）は前年比5・8％増と
過去最大の伸び、②その殆どは新興国によるもので、先進
国の消費量は19年の水準を下回る、③昨年、急増したのは
再エネの分野で、化石燃料の消費量は19年とほぼ同じだっ
た、④石油消費の落ち込みを天然ガスと石炭が補った、と
いうものだ。

　それ以上に筆者が注目したのは日本の種類別エネルギー
消費量の推移だ（図68）。①20年の石油消費量は1968年
以来の水準に低下し、21年も前年比2％未満の増加に止ま

図68 1次エネルギー消費量と名目GDPの乖離が拡大している様子は奇異

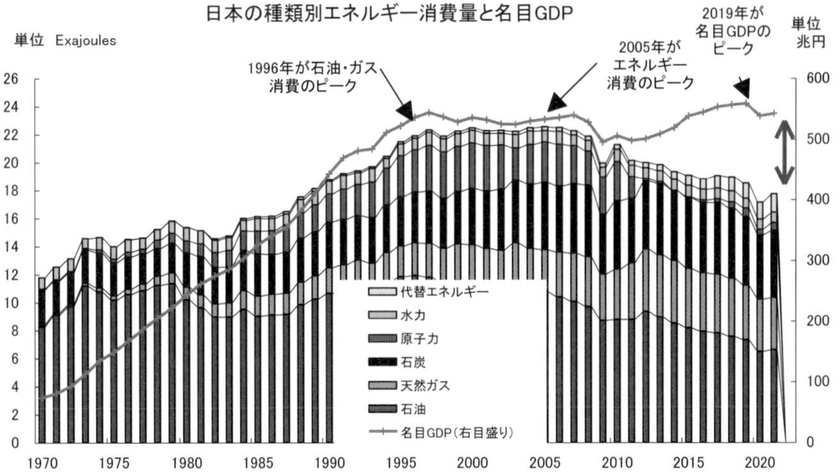

日本の種類別エネルギー消費量と名目GDP

単位 Exajoules

1996年が石油・ガス消費のピーク

2005年がエネルギー消費のピーク

2019年が名目GDPのピーク

単位 兆円

代替エネルギー
水力
原子力
石炭
天然ガス
石油
名目GDP（右目盛り）

（データ出所）BP、内閣府

る、②石油と天然ガスを合わせた消費量も四半世紀前の96年がピーク、③石炭や原子力等を加えた1次エネルギー消費は昨年、05年のピーク比2割も減少。④1次エネルギー消費量と名目国内総生産（GDP）の乖離が拡がっている。エネルギー効率が向上しているとはいえ、12年以降の変化はあまりにも急激で奇異な感がある。

　こうしたエネルギー消費の変化は人口動態が関係しているのでないか（図69）。エネルギーを費消する中核である勤労者世代である25〜64歳人口の数と、1次エネルギーのピークが一致していることがその根拠だ。

図69 生産年齢人口の減少でエネルギー消費量も減少

日本の1次エネルギー消費量と25-64歳人口数

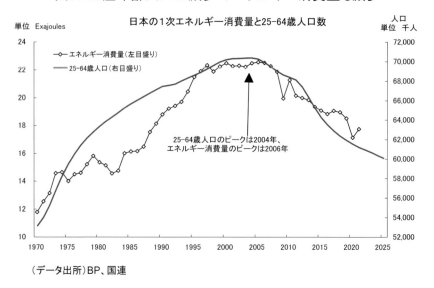

単位 Exajoules

人口
単位 千人

- ◇ エネルギー消費量(左目盛り)
- ― 25-64歳人口(右目盛り)

25-64歳人口のピークは2004年、
エネルギー消費量のピークは2006年

(データ出所)BP、国連

＜投資が増えない日本のGDP　週刊エコノミスト 2022/6/7＞

貴族(帰属)に何か
問題でも？

　内閣府が発表した2022年1－3月期の国内総生産（GDP）は、物価変動の影響を除いた実質で前期比年率1・0％減、名目で同0・4％増となった。名目GDPは97年10-12月期がピークで、16年10-12月期にようやく、そのレベルを超えた。

　97年10-12月期と直近の名目GDPの増減額を項目別に比較すると、次の特徴が浮かびあがる（図70）。1点目は政府消費が35兆円も増加したことだ。これは老齢化の進展で

図70　名目GDPの内訳をみると、一番肝心な総投資が増えていない

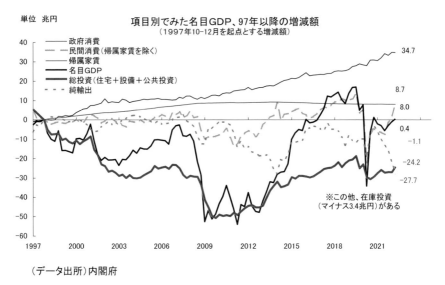

単位　兆円

項目別でみた名目GDP、97年以降の増減額
（1997年10-12月を起点とする増減額）

凡例：
政府消費
民間消費（帰属家賃を除く）
帰属家賃
名目GDP
総投資（住宅＋設備＋公共投資）
純輸出

※この他、在庫投資
（マイナス3.4兆円）がある

（データ出所）内閣府

医療費負担が拡大しているからだ。2点目は総投資（設備
＋住宅＋公共）が26兆円も減少していることだ。内訳をみ
ると、設備投資や住宅投資よりも公共投資の減少幅が大き
い（図71）。政府消費が増加する中、政府は公共投資に振
り向ける資金的余裕がないのである。

　3点目は純輸出（輸出－輸入）が悪化していることだ。こ
れは製造業の海外移転で国内産業が空洞化したことが大き
い。4点目は、帰属家賃（持ち家について、借家と同じサービ
スが発生するとみなす計算上の家賃）が8兆円も増えてい
ることだ。97年以降の名目GDP増減額はマイナス3兆円だ
が、「みなし家賃」で嵩上げされた分を差し引くと、この4

図71 総投資は3項目とも25年前より減少しているが、公共投資が最もダメ

需要項目別の名目GDP統計 総投資の内訳
（1997年10-12月を起点とする増減額）

単位 兆円

企業設備
民間住宅
公共投資

-3.6
-6.0
-14.6

（データ出所）内閣府

半世紀における日本の経済低迷が著しいことがわかる。実際、ドル換算値でみると、直近の実質GDPは11年10－12月期のピークから約4割も縮小している（**図72…135円で計算**）。

　次は日本の労働生産性についてです。OECDなどのデータによると、日本の労働生産性は、主要6カ国では1971年以来、50年連続で最下位だというのです。でもそんな国が今も世界3位の経済規模を維持し続けているのはおかしいと思いませんか。

図72　日本のGDPはこの10年で悲しいほど減少している

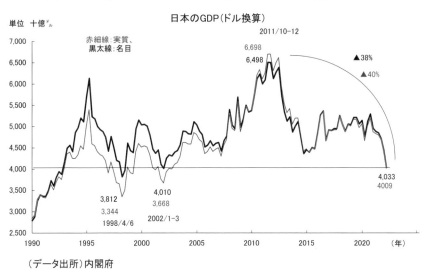

日本のGDP（ドル換算）

単位 十億㌦

（データ出所）内閣府

＜実は労働生産性が高い日本　週刊エコノミスト 2019/9/10＞

　日本の労働生産性は低いとされており、「無駄な会議が多い」などと非効率な働き方を指摘される方も多い。実際、OECDなどのデータをみると、日本の生産性（就業1時間当たり実質国内総生産、購買力平価ベース）は主要6カ国では48年連続の最下位だ。

　だが、生産性が低いのは高度成長期だった1970年からずっと続いてきたわけで、今に始まった話ではない。それに海外では電車の遅延が当たり前だったりするが、そうし

た国々より日本の効率が劣るという評価には強い違和感がある。

　これは国際比較をするうえで、統計上の定義に問題があるからだという指摘がある。EUや米国では国外の不法就労者の割合が大きいが、その人員は就業者数には含まれないので、欧米の生産性は高く表示されてしまうというのだ。

　そこで異なる尺度として、90年を起点として各国の生産性改善度合いを対比してみると、日本は欧米諸国と遜色がないレベルであることがわかる（図73）。しかもこの間、米国の労働投入量（就業者数×労働時間）は3割も増加しているのに対し、日本は労働投入量が1割以上も減少している（図74）。つまり日本は、生産年齢人口が減少するというハンディがあるなかで、他の先進国と同等の生産性改善率を維持してきたわけで、そのことはもっと評価されて然るべきだろう。

≣ ＜日米労働生産性では1ﾄﾞﾙ＝65円が妥当　週刊エコノミスト2022/1/25＞

　日米の労働生産性からみてドル・円相場は円安に振れすぎている。1ﾄﾞﾙ＝145円で換算すると米国の労働生産性は日本を大きく上回る（図75）。だが、日米の労働生産性に大差

図73 日本の労働生産性の改善度合いは欧米に引けを取らない

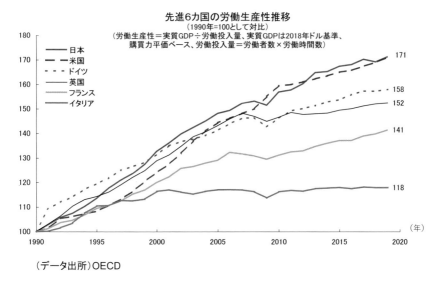

(データ出所)OECD

図74 90年以降、日本の労働投入量は1割以上も減っている

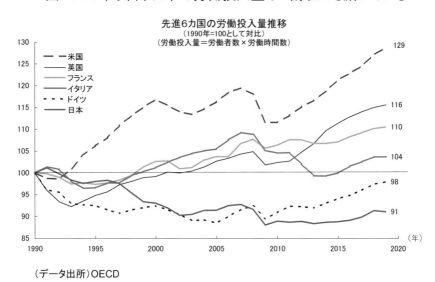

(データ出所)OECD

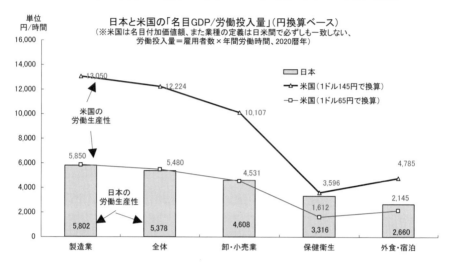

図75 日米の労働生産性が同一だとしたら1ドル65円が妥当

日本と米国の「名目GDP/労働投入量」（円換算ベース）
（※米国は名目付加価値額、また業種の定義は日米間で必ずしも一致しない、
労働投入量＝雇用者数×年間労働時間、2020暦年）

単位
円/時間

凡例：
■ 日本
▲ 米国（1ドル145円で換算）
△ 米国（1ドル65円で換算）

米国の
労働生産性

日本の
労働生産性

	製造業	全体	卸・小売業	保健衛生	外食・宿泊
米国（145円）	13,050	12,224	10,107	3,596	4,785
米国（65円）	5,850	5,480	4,531	1,612	2,145
日本	5,802	5,378	4,608	3,316	2,660

（データ出所）米労働統計局、米経済分析局、内閣府

がないとしたら、ドル・円の本来あるべき水準は1ドル＝65円程度となる。いわゆるアベノミクス以前、2012年の為替は1ドル＝78円だったが、その水準の方が経済の実勢に近かったと言えよう。

　　生産年齢人口が減少する中、日本経済の成長は止まり、消費税増税の影響もあって、2012年頃には家計の可処分所得は著しく低下しました。このため専業主婦だった女性も働きに出るようになり、労働参加率は上昇に転じました。その結果、食卓に意外な変化が表れたのです。

〓 <世帯収入増加と「魚より肉」、20年の変化をもた らした意外な要因>

JBpress…2022.8.11　家計の可処分所得と労働参加率との 密接な相関から見える風景

　インフレにより賃上げが大きな焦点になっています。「分 配」を重視する岸田政権も賃上げには高い関心を持ってい ます。では私たちの実際の「懐具合」はどう推移してきた のでしょうか。

　総務省が発表する家計調査報告には、世帯の実収入額や 消費支出額、非消費支出額（直接税＋社会保険料）などが 網羅されています。

　今回、勤労者世帯の非消費支出額に、消費税負担額（消 費支出額×税率）を加えたものを「修正非消費支出額」と し、実収入額に対する割合（修正可処分所得率）を計算し てみました。つまり、所得税などの直接税に社会保険料、 そして消費税を除いて、正味の消費に使える可処分所得の 比率です。**図76**の折れ線がそれを示しています。

　2001年に81％台だった同比率は、2007 ～ 2008年の国際 金融危機、2011年の東日本大震災、2014年と2019年の2度 にわたる消費税増税といった節目のたびに低下しました。

図76 消費税を加味した「修正可処分所得」÷実収入は低位安定

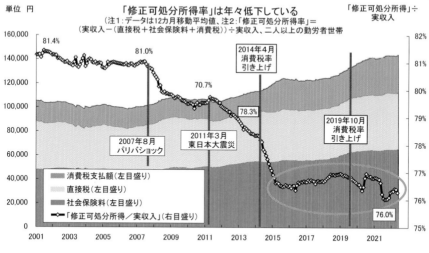

「修正可処分所得率」は年々低下している
（注1：データは12カ月移動平均値、注2：「修正可処分所得率」=
（実収入−（直接税＋社会保険料＋消費税））÷実収入、二人以上の勤労者世帯

単位 円

「修正可処分所得」÷実収入

81.4%

81.0%

70.7%

78.3%

2014年4月
消費税率
引き上げ

2007年8月
パリバショック

2011年3月
東日本大震災

2019年10月
消費税率
引き上げ

消費税支払額（左目盛り）
直接税（左目盛り）
社会保険料（左目盛り）
「修正可処分所得／実収入」（右目盛り）

76.0%

（データ出所）総務省：家計調査報告

直近は76％台と2001年からの21年間で5％ポイントも下落しています（図76）。

　もっとも、2014年の消費税増税以降は横ばいで、悪化傾向に歯止めがかかったかのように見えます。

▪世帯で見ると平均実収入は増えたが……

　この比率の分子に影響を与える修正非消費支出額（直接税＋社会保険料+消費税負担額）を見ると、2008年1月〜2014年3月は約1.0万円の増加でしたが、2度にわたる消費増税後はさらに悪化し、現在は2008年1月比で4万1000円の負担増となっています（グラフではマイナス表示）。

図77 2013年以降、実収入が増えたのは世帯の働き手が増えたから

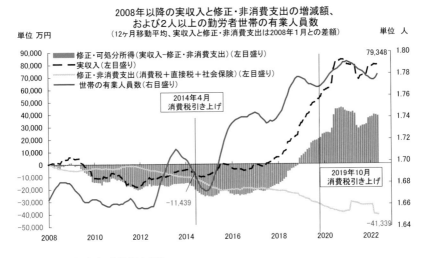

2008年以降の実収入と修正・非消費支出の増減額、
および2人以上の勤労者世帯の有業人員数
（12ヶ月移動平均、実収入と修正・非消費支出は2008年1月との差額）

（データ出所）総務省：家計調査報告

　他方、分母にあたる実収入額は、2014年4月の増税前は
5000円弱のマイナスでしたが、増税後はかえって収入が増
えて2008年1月比7万9000円の大幅増となっています（図
77）。図76で見たように修正可処分所得比率が下げ止
まったのはこのためです。

　では実収入が増えたからハッピーかと言えば、必ずしも
そうとは言い切れません。

　実収入が上がったのは、世帯内の働き手が2014年末の
1.69人から直近は1.81人に増えたからです（図77）。その
中心は女性で、世帯主の配偶者のうち女性の有業率はこの

間に44％から57％に増加しているのです。

・**専業主婦や高齢者、働き手が増えた**

　総務省の労働力調査を見ても、長らく低下していた労働参加率（15歳以上人口のうち、働く意志を表明している人＝労働力人口の割合）は2012年末の59％をボトムに、直近は62％まで上昇しています（図78）。

　働き手が増えたのはなぜでしょうか。

　その理由として、(1) いわゆるアベノミクスで円安・株高となり景気が上向いた、(2)「団塊の世代」の雇用延長期間が切れて人手不足になった、ことが挙げられます。

　しかし、それよりも、(3) 消費税増税や社会保険料の負担増で実質的な可処分所得が減少し、専業主婦や高齢者が働かざるを得なくなった、という働き手側の事情が大きいのではないでしょうか。家計の可処分所得と労働参加率の密接な相関がその推測の根拠です（図78）。こうした事情は意外なところにも変化を及ぼしています。

・**消費額、魚は低迷し、肉は増える**

　世帯における働き手の増加に伴って食卓にも変化が表れました。魚の消費額が低迷する一方で肉の消費額は増え

図78　長らく低下していた労働参加率は2012年末から上昇している

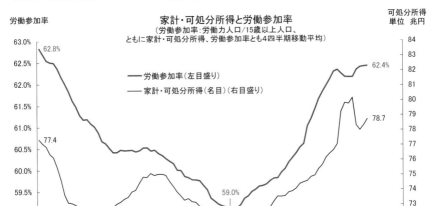

労働参加率

可処分所得
単位 兆円

家計・可処分所得と労働参加率
（労働参加率：労働力人口/15歳以上人口、
ともに家計・可処分所得、労働参加率とも4四半期移動平均）

（データ出所）総務省：労働力調査、内閣府：家計貯蓄四半期速報

て、2013年以降、両者の消費額が逆転しているのです（図79）。その理由を考えてみました。

　まず挙げられるのが消費者の嗜好の変化です。魚の消費額が趨勢的に減少している状況から、魚離れという傾向はありそうです。

　しかし、家計調査報告の調査対象となる世帯主平均年齢（2人以上の世帯）は2000年の平均52.8歳から直近では60.0歳まで上昇しています。我が国では加齢とともに、食べ物の好みは肉から魚に好みが変わると言われるので、それだけでは説明がつきそうにありません。

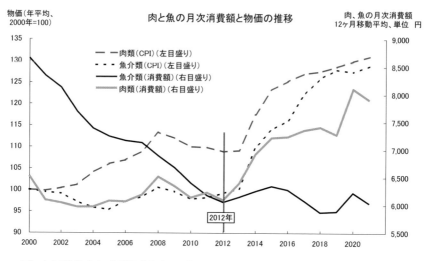

図79　2012年末を境に肉と魚の消費額が逆転している

肉と魚の月次消費額と物価の推移

物価（年平均、2000年=100）

肉、魚の月次消費額
12ヶ月移動平均、単位　円

- 肉類（CPI）（左目盛り）
- 魚介類（CPI）（左目盛り）
- 魚介類（消費額）（右目盛り）
- 肉類（消費額）（右目盛り）

2012年

（データ出所）総務省：家計調査報告、消費者物価

　次に考えられるのは、物価上昇の影響です。消費者物価の「魚介類」と「肉類」を対比すると、2013年以降は魚のほうが値上がり率が大きい傾向にあります。そのため、消費者が魚を敬遠して、相対的に割安となった肉にシフトした。これが消費額の逆転要因となったように見えます。

　ところが2000年を起点にすると、肉の値上がり率のほうが魚より大きい。まだ説明不足のようです。

・主婦の工場労働で、たばこ、コーラが売れた米国

　そこで注目したのが女性の働き手の増加です。総務省の

労働力調査統計によると、生産年齢人口層（15〜64歳）における女性の就業率は2012年の60.7％から、2021年は71.3％に上昇しています。女性の就業率と肉の消費額が連動しているように見えるのです（図80）。

　もちろん、いまや家事負担に男女は関係ない時代となっています。ただ、従来、家庭内での料理は主に女性が担ってきたという実態がありました。どんなメニューを選ぶかによりますが、一般的に肉のほうが魚よりも調理しやすくカロリーも高い。仕事帰りで疲れていると肉に手が伸びるのかもしれません。

　大恐慌下の米国では、家計を補うべく主婦が工場に働きに出るようになったことで、たばこやコーラの売れ行きが増えたそうです。「風が吹けば桶屋が儲かる」ということわざがありますが、可処分所得の減少がきっかけで日本の肉の消費額が増えたのだとしたら、そのことわざのようなことが起きたと言えそうです。

　次は物価の分析です。いまのまま円安を放置したら、誰しもエネルギー価格を中心に物価上昇が止まらなくなると心配になるでしょう。ところが黒田日銀総裁は、いま

図80 女性の就業率増加が肉の消費増を促している？

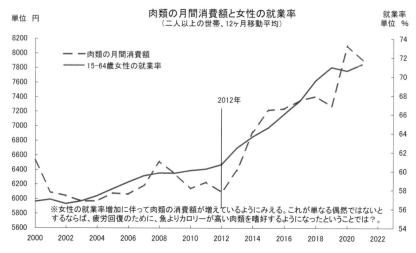

肉類の月間消費額と女性の就業率
(二人以上の世帯、12ヶ月移動平均)

単位 円

就業率
単位 %

- - - 肉類の月間消費額
—— 15-64歳女性の就業率

2012年

※女性の就業率増加に伴って肉類の消費額が増えているようにみえる。これが単なる偶然ではないとするならば、疲労回復のために、魚よりカロリーが高い肉類を嗜好するようになったということでは？。

（データ出所）総務省：家計調査報告、労働力調査

の物価上昇は一時的で、来年は物価が下がると自信満々です。果たしてどうなるでしょうか。

≡ ＜円安・戦争で必需品価格の上昇が本格化　週刊エコノミスト2022/6/14＞

4月の全国消費者物価（ＣＰＩ）は、日銀が注目する「生鮮食品を除く総合」（コア）は前年比2・1％だったが、「持ち家の帰属家賃を除いた総合」は前年比3・0％に急騰した（図81）。「持ち家の帰属家賃」とは持ち家に住む人も家賃を支払うとみなすもので、ＣＰＩに占める構成比は16％もあ

る。だが、その前年比上昇率はゼロ％なので、全体のイン
フレ率は実態より低く見えてしまう。

　そこで筆者は「持ち家の帰属家賃を除いた総合」を重視
し、その数値を総務省が公表する「消費税増税の影響を除外
したデータ」で修正したところ、今回のインフレ率は1991
年以来の高水準だったことが判明した。

　更に物価は毎日、消費するものと、滅多に購入しない財
に分けて考える必要がある。この10年の価格推移をみる
と、電気やエネルギー、食料などの必需品が高騰してい
る（図82）。問題は電気で、東日本大震災のせいなのか、
16 〜 17年のエネルギー物価の低下局面でも価格が高止ま
りする下方硬直性が見られた。これでは日本の産業競争力
が低下するのは当然だ。

　次に食料の内訳をみると、この10年で魚介類が35％、肉
類が22％も高騰している。これはやはり円安の影響だ。今
後はウクライナ戦争の影響で農産物の価格が上がることは
確実なだけに、日本でも必需品を中心に物価の上昇が本格
化してこよう。

図81 本当の物価＝「持ち家の帰属家賃を除く総合」は31年ぶりの水準

日本の消費者物価　前年比騰落率
（消費税の影響は除外している）

貴族（帰属）
カモフラージュ

（データ出所）総務省

図82 必需品を中心とする物価高騰はまだ始まったばかり

日本の消費者物価指数
（2012年1月＝100）

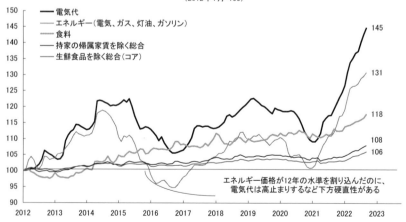

（データ出所）総務省

第VIII章
2023 〜 24年の株価と
インフレ(債券)はこうなる

✧ 株価や金利について書いたコラムをまとめました。相場全般のアウトラインは第1章で紹介した通りですが、ここでは様々な角度からみた分析を集めています。前著では、米国の金利はコンドラチェフサイクルと同じ60年周期で動いていると述べました。

　今回もその周期性が当てはまるとしたら、2020年8月に底入れした米長期金利は、前回のピークである1981年から60年後の2041年に向けて、趨勢的に上がり続けることになります。そして、そうした兆候は人口動態など各方面で見て取れます。

☰ <40年間の米金利低下局面は終焉へ　週刊エコノ ☰ ミスト2021/11/16>

　1981年から40年続いた金利低下局面の終焉は間近だ。過去、米国の長期金利は約60年周期で推移しており（図83）、次のピークである2041年に向けて金利が本格的に上昇するなら、低金利を前提とした今の世界経済は当面、混乱が

図83 金利の60年サイクルに従えば、あと20年は金利上昇局面が続く

アメリカの長期国債利回り
（1830年までは英国債のデータ）

2041年までね？

ピュリリ

単位 ％

（データ出所）イギリス歴史統計、アメリカ歴史統計、FRB

避けられない。

　♂️⭐ 金利の上昇で財政が圧迫されていくのは明らかで
す。米国では近い将来、国家予算に占める利払い費が、
これまでの最大支出項目である社会保障費を上回る可能
性が高いと試算されています。こんな時にウクライナに
多額の武器支援金を贈与しようというのです。米政府は
端から債務を返済しようとは思っておらず、インフレで
有耶無耶にするつもりなのでしょう。

＜米国債増発で金利は更に上昇へ　2022/10/25＞

　米連邦準備制度理事会（FRB）のデータによると、2022年3月末時点の大手米銀100行の債券含み損は628億ﾄﾞﾙで、自己資本に対する比率は4％台と、08年以来の水準（自己資本の10％弱）だった。

　FRBは今年3月末で含み損データの公表を止めたので、現在の含み損率は不明だ。だが長短金利はその後、さらに上昇しており、金利と逆の動きをする債券の価格は国債と政府機関債が4％、社債が10％も下落した（図84）。大手行が保有する国債＋政府機関債は3・3兆ﾄﾞﾙ、社債は0・6兆ﾄﾞﾙなので、この半年間で含み損は1900億ﾄﾞﾙも拡大した計算だ。含み損率が08年と同レベルなのだとしたら、株式などリスク資産への投資削減は避けられない。

　金利上昇でピンチなのは米政府も同じで、政府債務に対するネット利払い額は今年8月、前年比50％増の630億ﾄﾞﾙ、年間0・75兆ﾄﾞﾙペースとなった。連邦予算が6兆ﾄﾞﾙ、名目国内総生産（GDP）が25兆ﾄﾞﾙであることを考えると、最大支出項目である社会保障費を上回る可能性も高い。

　各年の長期金利をもとに「利払い額÷名目GDP」を試算すると、今年は戦後最大となる（図85）。実際には、利払

図84 今年4月以降も債券は更に下落、誰もが相当な損を抱えている

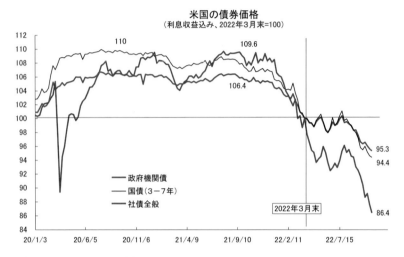

米国の債券価格
（利息収益込み、2022年3月末＝100）

（データ出所）セントルイス連銀、Investing.com

図85　政府債務の利払い額は今後、爆発的に増加していく

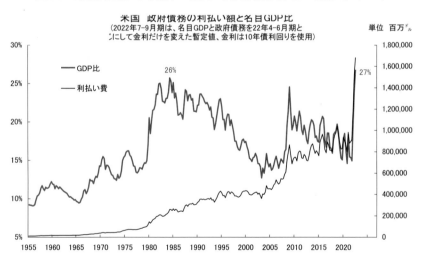

米国　政府債務の利払い額と名目GDP比
（2022年7-9月期は、名目GDPと政府債務を22年4-6月期と
にして金利だけを変えた暫定値、金利は10年債利回りを使用）

単位　百万㌦

（データ出所）FRB:Flow of Funds

い負担は新発債から増加していくので債務問題の顕在化は少し先になるが、利払い額は今後、爆発的に増加し、国債の増発は不可避となろう。

✧ このコラムでは金利サイクルの仮説を説明しています。

＜35年住宅ローンは商品たり得るのか、60年周期の金利サイクルは上昇局面に＞

JBpress…2022/7/13 「乾いた薪に火がついた」状態の世界経済で進む米国債離れの行方は

▪約40年間続いた金利低下トレンドは終焉へ

米国の金利上昇が世界経済にどんな影響を及ぼすのか危惧されています。今回は過去のデータから「金利のサイクル」について見ていきたいと思います。

アングロサクソンと呼ばれる英国、米国の長期金利について、1830年までは英国、以降は米国の動向を示したのが図83（前出）のグラフです。これによると、長期金利は約60年ごとにピークをつけており、いずれも戦争や動乱が関係しています。

フランス革命〜ナポレオン戦争時の1797年、米国の南北戦争が勃発した1861年、第一次大戦終了直後の1920年、イラン革命〜第二次オイルショック直後の1981年にいずれもピークとなっています。60年周期といえば十干十二支、あるいは50〜60年周期とされるコンドラチェフ波動といわれる景気サイクルが思い浮かびますが、こうしたサイクルは金利にもあったと言えるかもしれません。

　興味深いのは、金利の上昇期間と後に続く下落期間の長さがほぼ一致していることです（日柄対等と言います）。具体的には、1824年から1861年までの37年間は金利が上昇トレンドにあり、続く1861年から1899年までの38年間は金利が低下しました。次の1899年から1920年の21年間は金利が上昇し、続く1920年から真珠湾攻撃が発生した1941年までの21年間は金利が低下といった具合です。

　今回はどうでしょうか。1941年から1981年まで40年間は金利が上昇し、そこから昨年までの40年間は金利が低下基調にありました。それが転換点を迎えたのが2022年2月です。ウクライナ戦争が勃発し、米金利はそれまでのトレンドラインを一気に上抜けました。長らく続いた金利低下局面は終焉を迎えたのです。

▪60年周期なら2041年まで金利上昇

　過去3回のサイクルを振り返ると、金利の底打ち後はほぼ一本調子で金利が上昇しています。今回も60年周期でピークを迎えるとすると、次は2041年になります。そこに向けて、趨勢的に金利が上昇するのでないでしょうか。

　世界経済は1981年以降、40年以上も続いた低金利の持続を前提に運営されてきました。もはや平穏無事な時代は終わり、今後はパラダイムシフトとでも言うべき一大変化が起きるでしょう。

　例えば住宅ローン。最長35年間も信用を供与する商品ですが、金融業界にはそんな長期にわたって金利上昇をヘッジする手段はありません。ということは、今後は住宅ローンという商品が成り立たなくなる可能性もあるということです。何よりも世界の非金融部門・債務総額は世界各国で膨れ上がっており、総計では226兆ドル（3.3京円）にのぼります（図86）、つまり、わずかな金利上昇で金融システムが壊れてしまう怖さがあるのです。

　筆者が金利の先行きについて悲観的なのは、上昇サイクルに入ったことだけが理由ではありません。2008年のリーマン・ショック以降、主要国はマネーを過剰なまでに発行

図86 世界の非金融部門の債務総額は226兆ﾄﾞﾙに達する

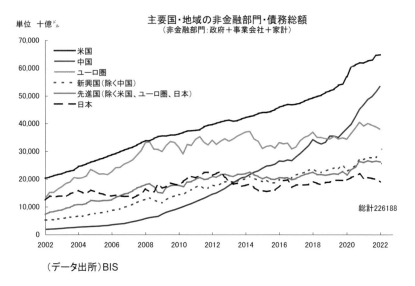

単位 十億ﾄﾞﾙ

主要国・地域の非金融部門・債務総額
（非金融部門：政府＋事業会社＋家計）

凡例：
- 米国
- 中国
- ユーロ圏
- 新興国（除く中国）
- 先進国（除く米国、ユーロ圏、日本）
- 日本

総計226188

（データ出所）BIS

してきました。そのことが事態を一層悪化させかねないからです。そんな中でウクライナ戦争まで勃発しました。世界経済は「乾いた薪に火がついた」状態にあると思います。

▪戦争は次の3つの理由から物価を押し上げます。

　1点目は禁輸、制裁、戦闘によりサプライチェーンが破壊されること、2点目は民需の上に軍需が加わるので、経済の生産能力が制約されること、3点目は政府が戦費を賄うために、お金を印刷したり、金利を低く抑えようとする、という3つです。

　今回のウクライナ戦争では、米国など西側諸国は参戦し

ていないので、問題の中心は1点目のサプライチェーンの
破壊となりますが、それでも物価の急騰と財政赤字の拡大
は避けられそうにありません。つまりは金利も上昇すると
いうことです。

▪ **米国債に代わり増加した新興国の金準備**

　海外投資家の米国債離れも深刻な金利上昇要因として挙
げられるでしょう。

　海外投資家の米国債保有シェアは、リーマン・ショックが
起きた2008年をピークに低下傾向が続いています。直近で
は今世紀最低のレベルまで低下していました。米国債に代
わって増加したのは新興国の金準備です（**図32…前出**）。
各国とも、際限もなく増刷されるドルの目減りを恐れ、価
値が毀損しない金にシフトしているのです。

　さらに最近は、海外中銀が保有する米国債残高や、各国
政府の外貨準備高も減少し始めています（**図87、および
図33…前出**）。これはウクライナ戦争に際し、西側諸国が
ロシアの中央銀行の資産を凍結したことも影響しているで
しょう。新興国にしてみたら、世界一安全とされる米国債
を持っていても安心できないからです。

図87 海外投資家のドル債離れが加速している

世界の外貨準備高、および海外中銀が保有する米国債残高

単位 十億ドル

単位 十億ドル

（データ出所）FRB、ブルームバーグ

　ロイターの報道によると、インドで最大手のセメント会社はロシア産の石炭を輸入し、その代金を中国人民元で支払っているそうです。西側諸国の対ロシア経済制裁は、新興国を中心に貿易におけるドル離れを促進する側面もあります。それは「米国債の保有削減→米金利上昇」という形で米国自身に跳ね返ってくることになります。これは株式市場にはマイナス材料でしかありません。

下で待ち構えとこう、2023年のクリスマス　ピルルルル……

　🕯✝️ 次は、旧約聖書に登場するユダヤの安息年で、7年に1度到来する「シェミッター」について解説しています。

　私は知らなかったのですが、今回、2022年9月のシェミッターが明けた後は、旧約聖書レビ記25章に基づき、50年に一度の大恩赦の年(ヨベルの年)になるそうです。全てのものが元に戻るという意味です。大恩赦といえば、ダボス会議を主宰する世界経済フォーラムは2022年、「グレートリセット」という標語を掲げていましたね。

≡ ＜経済危機と古代ユダヤの安息年、2022年の相場はどうなるのか＞

JBpress…2022/7/21＞「債務免除」の年に訪れた数々の異変、さらなる株価下落に要注意　7年サイクルの危機、リーマン・ショックも

　少々古い話で恐縮ですが、2014年、米国ではユダヤ教のラビ（聖職者）が執筆した『The Mystery of the Shemitah』という本が話題を集めました。古代ユダヤでは、7年ごとに「シェミッター」という安息年を設けて債務免除を行ったのですが、それは今も同じだというのです。つまり、7年に1度のシェミッターの年に経済危機が訪れる、というわけです。
　著者のジョナサン・カーン氏は、その実例として、過去における5回の経済危機（1973年、1980年、1987年、2001

年、2008年）を挙げ、いずれもシェミッターの年だったと指摘しました。

　具体的に振り返ってみましょう。記憶に新しい方から行くと、2008年はリーマン・ショックが発生しました。「サブプライムローン」という信用度の低い借り手向けの住宅ローンが焦げ付き、銀行危機につながったのです。2001年はITバブルが崩壊し、世界的規模で景気後退が起こりました。

　その7年前の1994年については、米国では地方自治体が破産した程度で、特に大きな問題は起きませんでした。ただ、1980年以来の金利急騰で、メキシコをはじめとする中南米で金融危機が起きています。

　さらに7年前の87年は、ブラックマンデーと呼ばれる株価大暴落が発生し、同年の10月19日にたった1日の取引でダウ工業株30種平均は508ドル（22.6％）下落しました。

　それ以前は中東に端を発する出来事で市場は大荒れとなっています。1980年には、前年秋の第二次オイルショックを受け、1月には金が800ドル超に急騰、当時、やはり800ドル前後だったダウ平均を上回るという異変が起きました。1973年には中東戦争の勃発で原油価格が4倍に急騰。第一次オイルショックが発生しています。

▪2015年は外れたが、ほかは……

さらに過去を遡って検証すると、1903年から2015年まで過去16回のシェミッターで株価が25％以上下落した年は9回もあるのです。

ほかにも、1917年のロシア革命や1945年の第二次大戦の終結など歴史的な大事件が起きており、その度に「債務免除」が行われています。だから著者のカーン氏は2015年前後の政治・経済は要注意と警鐘を鳴らしたのですが、幸いにも大した混乱は起きず、予言は外れた格好となりました。

あれから7年、次のシェミッターは、ユダヤの新年である2021年9月に始まり、2022年9月に終わります。つまり今はシェミッターの真っ只中にあるのです。

過去のジンクスに違わず、今年2月にはウクライナ戦争という大事件が起きました。株価も米ナスダックが年初に比べ約3割も下落し、台湾や韓国の株式市場も2割超の落ち込みをみせています。商品相場では、アルミや銅、スズなど軒並み大幅安で、これまで高騰していた原油も6月高値から2割以上も下落しました。

株価や商品相場が下落しているのは、米連邦準備制度理事会（FRB）が債券（国債と政府機関債）の新規購入を減額するのみならず、7月からは債券の保有残も縮小すると

発表したことが大きく影響しています。これまでもFRBの債券保有残の前年比が低下するたびに株価が下落してきました（図88）。

　株式と比べ市場規模が小さい商品相場では、とりわけ量的緩和マネーの縮小に敏感に反応しがちですが、それにしても今回の急落ぶりはすさまじい。金利上昇で資金繰りに窮した投機筋が資産を総投げしている感があり、リーマン・ショックの直前に原油が急落した現象を彷彿させる動きです。中国が主要な買い手である大豆まで暴落していることを考えると、破産の危機に瀕している中国の大富豪も多いのでないでしょうか。

　　　この次は日米株式市場に出現した相場の凶兆「天底一致」について説明します。

＜株式相場に波乱の前兆か、日米で現れた「天底一致」は何を物語る＞

…JBpress2022/6/3　「勝ち組」と「負け組」が入れ替わったときに起こるイベントとは？

図88 FRBの保有債券・前年比と株価は連動している

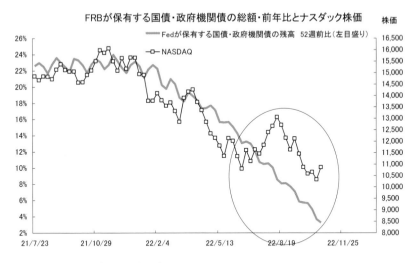

FRBが保有する国債・政府機関債の総額・前年比とナスダック株価

（データ出所）FRB、ブルームバーグ

　米国の長期金利上昇やウクライナ戦争を機に、内外の株式市場で「勝ち組」と「負け組」に異変が生じています。では「勝ち組」と「負け組」について、どんな異変が起きているのか。グラフを使いながら見ていきましょう。

　まず米国株の動きです。上のグラフ（**図89**）は株価指数であるS＆P500種株価指数の産業別グループ株価の年初来騰落率です。これを見ると、昨年まで高い株価パフォーマンスをみせてきた半導体やソフトウエア、テクノロジー機器といったハイテク株が軒並み下位に沈んでいます。

　プラットフォーマーとして個人投資家にも人気を集めて

きたGAFA（親会社のアルファベット含むグーグル、アップル、フェイスブック、アマゾン・ドット・コム）も例外ではありません。

　一方で、これまで蚊帳の外だったエネルギー株は年初来で4割高とダントツの値上がり率となりました。昨年の勝ち組と負け組がきれいに入れ替わっているのです。

　主役交代は日本株でも起きています。グラフ（**図90**）を見てください。東証の業種別株価指数（33業種）について、2022年の初めからの騰落率を示しています。2020年4月以降の相場をリードしてきた精密機器、電機は、昨年の後半以降、その上昇エネルギーを失い、大きく下落しています。それに対し、鉱業、石油、海運、非鉄などの市況関連株は、その前後から上がり始めました。こうした状況から、相場の中心は世界的にハイテク関連から重厚長大産業に移行したようにみえます。

　過去を遡ると、ハイテク株と重厚長大株は長期で相場の主役が入れ替わるという循環が存在してきました。その典型は村田製作所と日本製鉄の値動きです。

　図91では、両社の相対株価（株価÷TOPIX）の動きを示しています。相対株価とは、市場平均を基準として、業

図89 好調業種は揃って沈み、昨年ワーストのエネルギー株が躍進

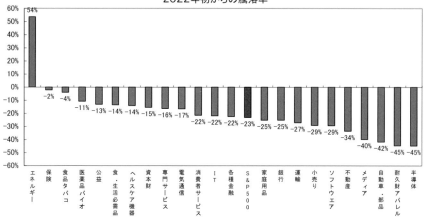

S&P500株価指数の産業グループ別指数
2022年初からの騰落率

（データ出所）ブルームバーグ

図90　日本株も昨年のリード業種が失速

2022年の業種別・騰落率

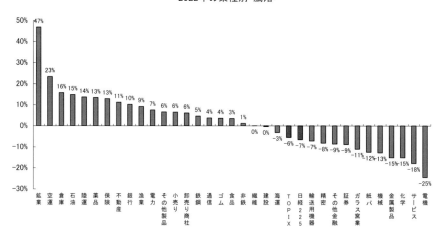

（データ出所）東証

図91　ハイテク株と重厚長大株の天底一致は嵐の前触れ

日本製鉄と村田製作所の相対株価
（株価÷TOPIX、日本製鉄は100倍、村田株は30倍に換算）

（データ出所）東証…筆者の盟友、山岸徳人氏の着想をもとに作成

種指数や個別株価の値動きの相対的な強さ・弱さを示すものです。これによると、片方の相対株価の天井は、もう片方の大底のタイミングと過去3度にわたってほぼ一致している（天底一致）ことがわかります

・天底一致の成立過程で相場の暴落を伴う

　図91のグラフを見るときれいに対照的な値動きをしていますが、なんといっても注目は、天底一致の成立過程で相場の暴落を伴っていることです。天底一致が発生したタイミングの近くで、バブル崩壊、ITバブル崩壊、リーマン・ショックが起きているのです。直近では、2020年後半から

2021年初めにかけて、新たな天底一致とみられる動きがありました。

　同じことは米国のソフトウエア株とエネルギー株についても見てとれます（**図92**）。それぞれS＆P500種株価指数に対する相対株価をチャートにすると、両者はきれいな逆相関を描いていることがわかります。半導体関連株とエネルギー株を見ても同じ動きをしています。

▪ 自然界では山火事が起きると植生が替わる

　村田製作所と日本製鉄の相対株価と同じく、2000年と2007年〜 2008年の天底一致の形成過程で、ITバブル崩壊やリーマン・ショックを迎えています。

　自然界では山火事が起きると植生が替わると言われます。それは相場においても同じで、相場の暴落を契機に、それまでの株価の「二極化」が一変するのです。

　新型コロナウイルス感染症で打撃を受けた経済を支えるため、各国は大規模な金融緩和策をとってきました。大量のマネーが相場の値上がりを続けてきたわけですが、昨今のインフレ懸念、さらにはウクライナ戦争もあり金融市場は動揺しています。

　日米とも天底一致とみられる現象がくっきり現れたこと

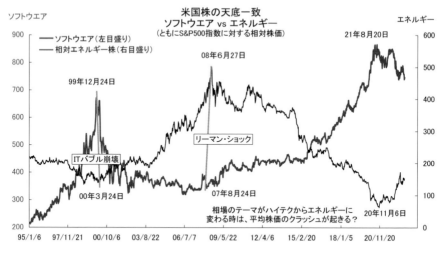

図92 米国でもソフトウエア株とエネルギー株の天底一致が出現

米国株の天底一致
ソフトウエア vs エネルギー
（ともにS&P500指数に対する相対株価）

（データ出所）ブルームバーグ

は、来るべき波乱の前兆と捉えるべきではないでしょうか。

✧ 相場の格言に「半値戻りは全値戻り」というものがあります。しかし実際の相場を検証すると、200日移動平均線が下を向いている時は、半値近くまで戻ったら売りとなる場合が多いようです。いまの米国株がこのパターンです。

＜株価は過去の歴史的暴落相場と同じパターンか＞

JBpress…2022.8.26　リバウンドが8月中旬で終了なら、一時的な回復に終わる可能性も

・ダウ月間上昇率ベスト10の半数は大恐慌期

　ここへきて、また米国の利上げ加速を警戒して上値が重くなっていますが、米国を中心とする世界の株価は今年6月中旬から回復傾向にあります。IT銘柄の多い米ナスダック総合指数は底値から2割も上昇しています。

　ウクライナ戦争やそれに伴う資源高など逆風が続いてきた株価は復活したのでしょうか？

　おそらくそうではないと思います。

　過去の下げ相場をみると、一本調子で下がるのではなく、時折、思わぬ反発をするのが常です。例えば過去100年間の米ダウ工業株30種平均の月間上昇率ベスト10のうち、5回は1930年代前半の大恐慌期に記録したものなのです。今回も株価が戻ったからと言って安心するのは時期尚早でしょう。

　そもそも、6月中旬以降の株価上昇は、「米インフレ圧力

の一服感、米長期金利の低下」を好感したからだとされています。しかし6月に前年同月比9.1％だった消費者物価上昇率が7月に8.5％と低下したといっても、現在の長短金利とのギャップは大きすぎると言わざるを得ません（図93）。この先、株価が暴落でもしない限り、長期金利の低下は一過性で終わると思われます。

　私はウォール街が別に材料視したものがあったのではないかと考えています。それは、米連邦準備制度理事会（FRB）の量的引き締め額が、事前の発表値より緩やかだったことです。

▪過去の暴落時には「逆イールド」が発生

　FRBは今年5月、その債券保有残を6月〜8月に毎月、最大475億ドル縮小すると公言しました。ところが、実際にはその4割程度しか減額していないのです。6〜8月の3カ月間で最大1425億ドル縮小するはずでしたが、5月末以降の12週間で572億ドルしか減額していません（図94）。

　とはいえ、FRBは9月から保有債券の縮小額を最大で月に950億ドルまで倍増するとしています。その施策が本当に実施されるのであれば、カネ余りに支えられた現在の株価に影響が及ぶことは必至だと言わざるを得ません。

図93 CPI上昇率と短期金利のギャップが大きすぎる→更に金利は上がる

CPI 前年比と3ヶ月T-Bill利回り

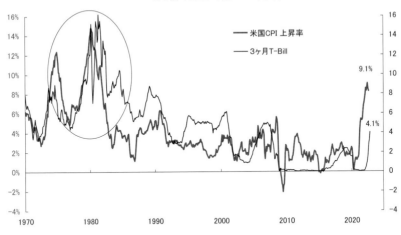

（データ出所）米労働統計局、FRB

図94 FRBの保有債券売却額は公約の7割程度にとどまる

FRBが保有する債券・ピーク比増減額と株価

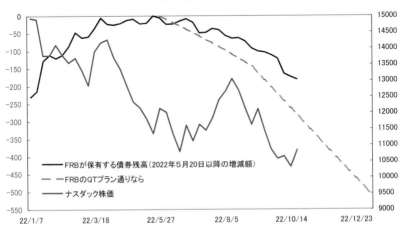

（データ出所）FRB

懸念材料はほかにもあります。

　最近話題になる長短金利の逆転（逆イールド）です。よく逆イールドは不況の兆候だと言われますが、それ以上に株安の前兆だと捉えるべきです。

　過去を振り返ると、1973年のオイルショックや、2000年のITバブル崩壊、2008年のリーマン・ショックといった株価暴落時には直前に長短金利が逆転しているのです（図95）。あの1929年大恐慌の直前も逆イールドになっていたことは要注目です（図96）。

　この先、株価が変調を来すとすれば、軽微な下落で終わるのか、深刻なものになるのか、それが問題です。

▪「半値戻りは全値戻り」なのか

　鍵を握るのは、株価下落第1波の次に来るリバウンドがどうなるか、です。1929年のダウ平均や1990年の日経平均、2000年のナスダック、2008年のS＆P500種平均株価といった歴史的な下落局面では、いずれも暴落第1波の5～6割を戻すのがやっとでした（図97、図98、図99、図100）。「半値戻りは全値戻り」という相場の格言がありますが、実際には下げ幅の6割以上、戻さなければ安心できないということです。

図95 長短金利の逆転は株価下落の前兆

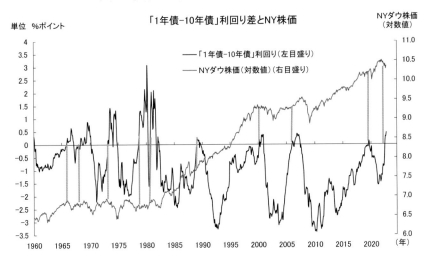

「1年債-10年債」利回り差とNY株価

（データ出所）WSJ電子版

図96　大恐慌の直前も長短金利が逆転していた

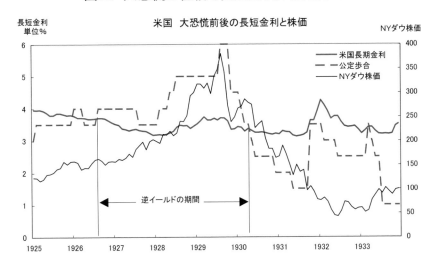

米国　大恐慌前後の長短金利と株価

（データ出所）Banking & Monetary Statistics 1914-1941

もう一つ、株価リバウンド時の上値が200日移動平均線（図97 〜 100の赤線）を超えるか否かも重要なポイントです。2000年を除く上記3つの事例（1929年、1990年、2008年）では、下向き基調だった200日移動平均線の手前で、戻り高値が終了していることに注目していただければと思います（筆者注：2000年は移動平均線が上向きだった）。

　今回、S＆P500指数のリバウンドも、「2022年の高値（4779）－安値（3667）」の最大56％にとどまり、下向きの200日移動平均線（赤線）が上値抵抗線として立ちはだかっています（図101）。

　もし株価のリバウンドが8月中旬で終わったのだとしたら、過去の歴史的暴落相場と同じパターンを踏襲していることになり、今秋の国内外の株価は要注意です。

　✧コロナ禍以降の株価上昇は中央銀行の量的緩和マネーに押し上げられたものです。その前年比が縮小すると、発行株数が少なく、値動きが軽い中小型株から崩れていきます。

図97　1929年の株価暴落は下向きの200日線と半値戻りに阻まれる

1929年のNYダウ

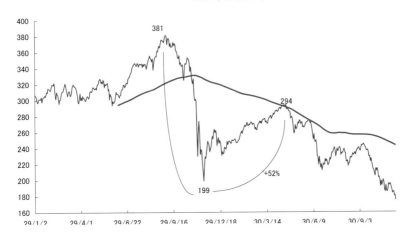

（データ出所）NY証券取引所

図98　1990年の日経暴落も下向きの200日線と半値戻りに阻まれる

1990年　日経平均

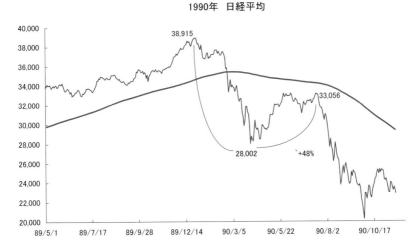

（データ出所）日本経済新聞

図99 2000年のナスダックは6割戻り、200日線が上向きだったから？

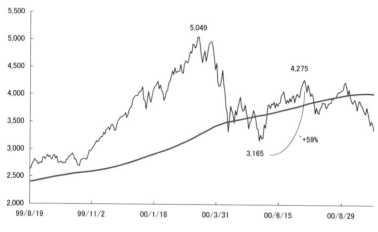

2000年 ナスダック

（データ出所）ブルームバーグ

図100 2008年のNYダウも下向きの200日線と半値戻りに阻まれる

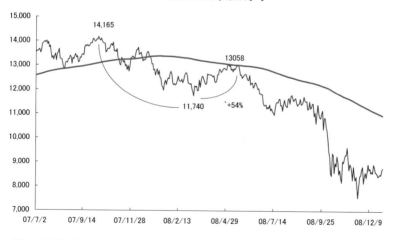

2007-2008年のNYダウ

（データ出所）ブルームバーグ

図101 2022年のS&P500も下向きの200日線と半値戻りに阻まれる

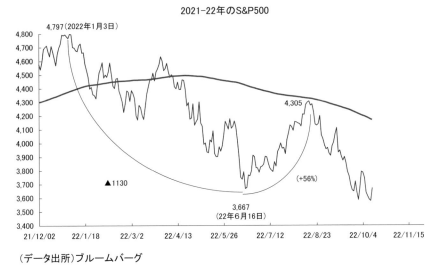

2021-22年のS&P500

（データ出所）ブルームバーグ

≡ ＜実は日銀も量的引き締めに方向転換？株価はマ
≡ ザーズから崩れていく＞

JBpress…2022.9.24　利上げラッシュに世界の株価はど
こまで耐えられるのか

　金融市場にとってイベントの多い1週間だった。米FRBは
利上げ継続で景気よりもインフレ退治の姿勢を鮮明にし、
欧州ではスイス国立銀行（中央銀行）がマイナス金利を終
了させた。世界が利上げに向かう局面で、金融政策決定会
合を開いた日銀は大規模な金融緩和策を維持する方針を決

めた一方、政府・日銀は24年ぶりとなる円買い・ドル売り
の為替介入を実施した。金融市場が大きく動く中、株価は
どうなるのだろうか。

FRBの急ピッチな利上げで景気悪化懸念

　FRB（米連邦準備理事会）は9月21日、0.75％の利上げを
決めました。6月から3回連続の0.75％利上げとなります。
インフレを抑え込むためですが、急ピッチの利上げは景気
の悪化懸念につながります。8月中旬以降、再び下落基調を
強めていた株式相場にも影響を与えることは確実です。

　では今後はどうなるでしょうか。結論を述べると、近い
将来、ショック安のような局面があるような気がしてなり
ません。こうした悲観的な予測は外れるに越したことはな
いのですが、筆者が考える弱気の根拠は、急速なインフレ
に直面した主要中央銀行が金融引き締めへの転換を余儀な
くされていることです。

　リーマン・ショックからの経済再建を図るため、2009年
3月、日米欧3極の中央銀行が量的緩和（QE）に踏み切っ
て以来、世界の株価は上がり始めました。さらに2020年3
月、新型コロナウイルス感染症のパンデミックを受けて株

価は暴落し、それに対し、3極中銀はいささか過剰ともいえる大規模な緩和に踏み切りました。その後の株価急騰は11兆ドルものマネー注入によるものであることは一目瞭然です（図102）。

こうした中銀のスタンスに転機が訪れたのは、ウクライナ戦争でした。エネルギーや食糧などの物価高が引き起こされ、本格的なインフレが訪れたからです。日米欧3極中銀の資産合計は今年2月下旬の25兆ドルをピークに、直近は22.6兆ドルまで縮小しています。それに伴って株価も下落し始めました。

▪ 増えていない日銀当座預金残高

もっとも企業業績は悪くないので先行きを楽観する見方は少なくありません。実際、S＆P500採用銘柄の2022年4 ～ 6月期の1株あたり利益は前年比で6.4％増となり、3月末時点のアナリスト予想の平均値（5.5％増）を上回りました。ブルームバーグによると、2022年通年の増益率も、7月1日時点の前年比10.4％から9.8％に下方修正されたとはいえ、それなりに高い水準です。

しかしマクロベースでみた米国の企業収益は、FRBの総

図102 日米欧3極中央銀行の量的緩和マネーが株価を押し上げてきた

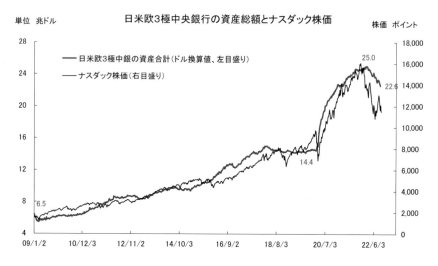

日米欧3極中央銀行の資産総額とナスダック株価

単位 兆ドル

株価 ポイント

― 日米欧3極中銀の資産合計（ドル換算値、左目盛り）
― ナスダック株価（右目盛り）

（データ出所）FRB、ECB、日銀、ブルームバーグ

資産の前年比に対し、6四半期遅れる形で連動してきました（図103）。今年6月以降、FRBのスタンスが量的緩和から量的引き締めに転じた以上、企業収益の前年比は2021年10〜12月をピークに、これから趨勢的に低下していく可能性が高いでしょう。

意外に感じるかもしれませんが、日銀も金融緩和を続けることに消極的なのだと思われる節があります。

日銀は9月21〜22日の金融政策決定会合でも引き続き、大規模な金融緩和策を維持する方針を決めました。これを

図103全米の企業収益・前年比はFRBの総資産・前年比に１年半遅行

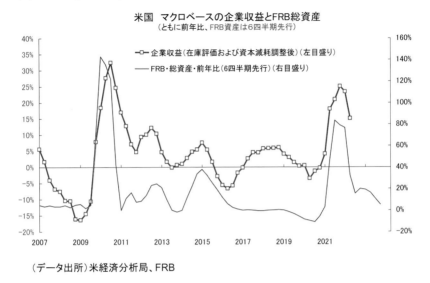

米国　マクロベースの企業収益とFRB総資産
（ともに前年比、FRB資産は6四半期先行）

（データ出所）米経済分析局、FRB

受け、為替相場で円が下落し、24年ぶりに１ドル＝145円台をつけました。黒田東彦総裁は22日の記者会見で「当面、金利を引き上げることはない」「必要な時点まで金融緩和を継続する。必要があればちゅうちょなく追加的な金融緩和措置を講じる」などと述べました。

　利上げの動く欧米とは異なるスタンスのように映りますが、実は量的緩和の程度を示す日銀当座預金残高はこの１年半、抑制傾向にあるのです（**図104**）。2021年春から日本株が上がらなくなったのはこのためなのです。黒田総裁は緩和継続を明言しながらも、日銀内部では円安の加速を

図104　日銀の当座預金残高の減少＝金融引き締め＝株安ということ

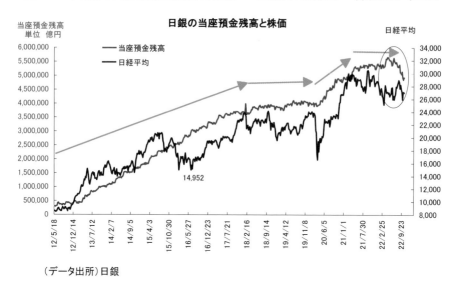

（データ出所）日銀

防ぐべく、密かに事実上の量的引き締め（QT）に方向転換
したのではないでしょうか。

▪2006年のマザーズ暴落を招いた日銀の政策変更

　それはすでに株価にも表れています。市場規模が小さい
マザーズ株価指数は当座預金残高が伸びなくなった影響を
直に受けています。当座預金残高の急増で株価は爆騰しま
したが、その前年比が縮小するのに伴い、下げ足を強めて
いるのです（図105）。

　同じことは2003 ～ 05年にも起きています。この期間、

図105　小型株からなるマザーズ指数は当座預金残高・前年比と連動

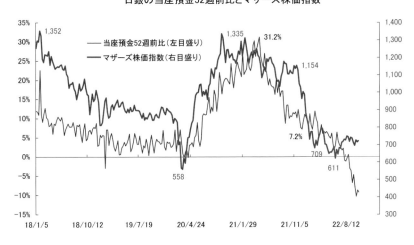

日銀の当座預金52週前比とマザーズ株価指数

（データ出所）日銀、日本経済新聞

日銀の量的緩和を背景にマザーズ株価指数は4.7倍も上昇
しましたが、2006年1月のライブドア事件をきっかけに、
わずか5カ月で半値になりました。

　この暴落の背景には、同時期に発表された日銀の政策変
更がありました。2001年以降の量的緩和策で大量のカネが
小型株に流入したものの、それが打ち切られたことで株価
は元の水準に戻ったのです（図106）。日銀のスタンスが
金融引き締め基調に変わっているのだとしたら、マザーズ
のような小型株は過去と同じパターンに陥るでしょう。

図106 2006年の小型株暴落は日銀の量的緩和撤廃が引き金を弾いた

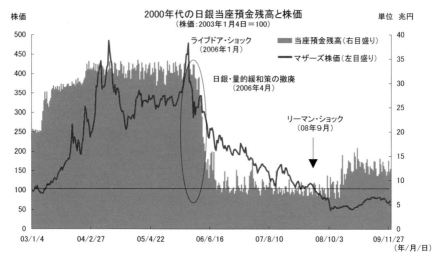

（データ出所）日銀、ブルームバーグ

　（中略）長短金利の上昇にもかかわらず、株式市場がパニックになっていないのは、投資不適格債（ジャンク債）と国債の利回り差（信用スプレッド）がまだそれほど拡大していないからと思われます（**図107**）。

　これは2020年3月以降にFRBがばらまいたカネ余りの余韻が残っているからでしょう。逆に言えば、そうした余剰資金が枯渇し、信用スプレッドが過去の臨界点である20％ポイントを超える局面になれば（例えば10年国債の利回りが4・0％の時、ジャンク債の利回りが24・0％以上になるということ）、株価のクラッシュは不可避となりそうです。

図107 信用スプレッドはまだ拡大余地が大きい→株価底入れには時期尚早

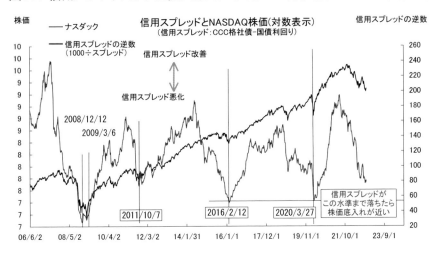

株価

——ナスダック

信用スプレッドとNASDAQ株価（対数表示）
（信用スプレッド：CCC格社債−国債利回り）

信用スプレッドの逆数

（データ出所）セントルイス連銀

　なお信用スプレッドの数値は、セントルイス連銀のデー
タ（https://fred.stlouisfed.org/series/BAMLH0A3HYC）か
ら得られるので時折、チェックするといいでしょう。

　このところの金利上昇ピッチはあまりにも早く、金
融機関やヘッジファンドはいずれも相当大きな含み損を
抱えているはずです。

☰ ＜金融市場の火種が広がる欧州、銀行株や英ポンドの下げはいつか来た道か＞

JBpress…2022.9.29　25年前のブラックマンデー再来をなぞるかのような動きに感じる怖さ

▪欧州大手銀行の株価低迷が加速

　世界の金融市場が荒れています。米国ではダウ工業株30種平均やS＆P500種指数が年初来安値を更新し、英国のポンドは対ドルで過去最安値をつける事態になっています。きっかけは米国の急ピッチな利上げや、発足したばかりの英トラス政権の経済政策が市場から嫌気されたことでした。

　筆者は国内信託銀行の運用担当者として1987年のブラックマンデーを経験しましたが、各種相場の値動きをみると、ロシアとの関係悪化でエネルギー価格が高騰する欧州を中心に、25年前の金融波乱が再来する怖さを感じています。

　懸念するポイントは次の2点です。1点目は、金融市場の環境激変で、欧州の大手銀行のバランスシートが傷んでいる可能性があることです。

　9月23日には業績不振が伝えられるクレディスイスの株価が急落しました。ロイター通信は「過去3四半期だけで、同社の損失は40億スイスフラン（約5800億円）近くに膨れ上がった」として、資本増強の必要性を伝えています。

　欧州の大手銀行株はいまだ2008年のリーマンショック以降の安値圏で推移しています（**図108**）。22年2月のウクライナ戦争で株価はさらに下落し、クレディスイスなどは今年2月高値の半値以下に沈んでいるのです（**図28…前出**）。

▪リーマン・ショック前にも崩れた原油相場

　最近は金や石油などの商品相場も急落していますが、うがった見方をするならば、資金繰り上の問題を抱えた大手銀行やヘッジファンドが、大急ぎでポジションをクローズしているようにもみえます。

　思い出すのは2008年の原油相場です。同年7月に史上最高値を更新したニューヨークのWTI原油先物相場は、欧州中央銀行（ECB）の利上げで失速し、9月に入ると相場の節目とされる200日移動平均線を割り込みました。リーマン・ショックはその2週間後のことでした（**図109**）。

図108 大手欧銀の株価は軒並み、08年リーマン危機時の安値を下回る

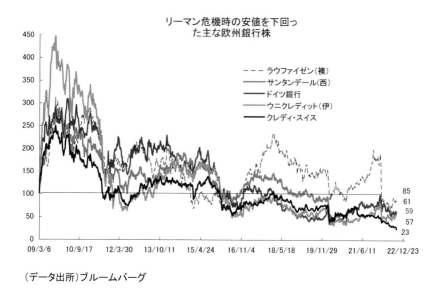

リーマン危機時の安値を下回っ
た主な欧州銀行株

- - - ラウファイゼン（襖）
—— サンタンデール（西）
—— ドイツ銀行
—— ウニクレディット（伊）
—— クレディ・スイス

（データ出所）ブルームバーグ

図109 2008年は原油が200日移動平均線を切った後、株価も連れ安に

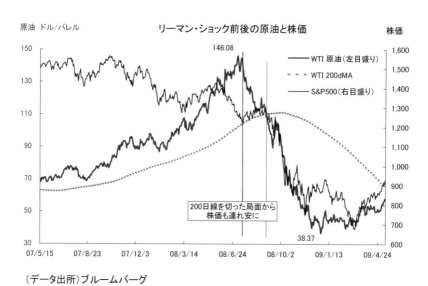

原油 ドル/バレル　　リーマン・ショック前後の原油と株価　　株価

—— WTI 原油（左目盛り）
- - - WTI 200dMA
—— S&P500（右目盛り）

200日線を切った局面から
株価も連れ安に

（データ出所）ブルームバーグ

200

図110　今回も原油が200日移動平均線を切った後に株安が進行

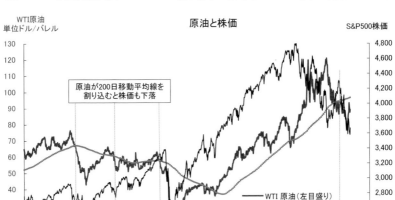

（データ出所）ブルームバーグ

　米投資銀行リーマン・ブラザーズが経営破綻したのは、原油先物の売り逃げに失敗したことが一因だという説もあります。今回も原油先物は7月のECBの利上げで200日線を割り込み、9月8日のECB再利上げで株安が加速したようにもみえます（**図110**）。

　筆者が懸念する2つ目のポイントは、欧州、特に英国の為替や債券が動揺していることです。

　マーケットでは9月23日、英政府が発表した「減税と財政出動を組み合わせた包括的な経済対策」を受け、財政や

債券需給の悪化懸念が急浮上しました。それによって、ポンドは一時、1985年の最安値を下回り（**図111**）、債券は売られ、長期金利と逆の動きをする英国債先物価格は週末を挟んだ2日間で8％弱も下落したのです（**図112**）。

▪英トラス新政権に投資家が懸念

　債券と為替が同時に売られるのは新興国によくあるパターンです。トラス新政権のアプローチに投資家が懸念を深めているのです。

　債券市場では、英国債のみならず、米国債もきつい下げをみせています。筆者は以前、「正確な数字はわからないものの、この半年間の債券価格下落を考慮すると、大手米銀の債券含み損率は自己資本の8％を超え、08年のリーマンショック時直前の水準（8.75％）に近づいているのではないか」と書きました。

　こうした急ピッチな債券下落で思い出されるのは1987年の米長期債の動きです。このときも米30年債先物は約7カ月で24％も毀損し、長期金利が節目となる10％を超えた時点でブラックマンデーを迎えたのでした。

図111　英ポンドは南北戦争時につけたピークから10分の1に下落

18世紀からのポンド・ドル相場

ドル/ポンド

10.811（1864年）

1984年

（データ出所）イギリス歴史統計、WSJ電子版

図112　英国債の暴落でポンド・ドルは一時、過去最安値を更新した

2022年の英国債先物価格とポンドドル　　英国債先物価格

英ポンド・ドル（左目盛り）
2022年英国債先物（10年）

ポンド高、金利低下

ポンド安、金利上昇

（データ出所）Investing.com

今回、英米債券先物の下落パターンは当時とよく似ており、先行きが心配されます（図113）。

ただピンチは同時にチャンスでもあります。87年10月19日のブラックマンデーでは、株価大暴落と同時に金利が急低下（債券価格は急騰）し、急激な内外金利差の縮小でドル安が加速、安全資産である金も急騰しました（図2…前出）。

当時と今では異なる面もありますが、来るべき波乱の際も似たようなパターンをたどるように思えてなりません。

≡ ＜日本株を売り始めた外国人投資家、裏にあるのは中国経済の停滞懸念か＞

JBpress…2022年10月11日　株価で米国に差をつけられたのは「円安で価値目減り」だけが理由ではない

・日本株の時価総額は米国株の1割程度に

　株式市場の先行きには慎重な声が出始めています。今回は日本のマーケットを動かす要因について考えてみたいと思います。

　1980年代末、東京の地価は山手線の内側だけで米国全土が買えるほど上昇していました。不動産価格が上がれば土

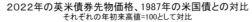

図113　英米債券の下げ方はブラックマンデー時の米国債と同じ動き

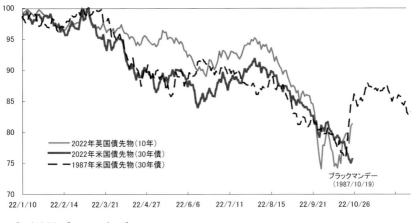

2022年の英米債券先物価格、1987年の米国債との対比
それぞれの年初来高値=100として対比

2022年英国債先物（10年）
2022年米国債先物（30年債）
1987年米国債先物（30年債）

ブラックマンデー
（1987/10/19）

（データ出所）ブルームバーグ

　地持ち会社の株価も上がる。当初は銀座などに資産を持つ会社の株が買われましたが、そのうちに東京湾岸に工場を持つ会社の株まで上がり始めたのです。さらにそんな「お宝」銘柄を探すべく、地図までバカ売れしたのでした。

　そうした事態に「異常だ」と言う声もあったのですが、「正論を聞いていたって競争に勝てない」「明日は今日よりも高いのだ」——といった心理が蔓延し、土くれを黄金に変えるという錬金術師さながらの世界を地でいっていたのです。

　1988年には日本株の時価総額（ドル換算）は米国株の約1.3倍に膨張し（図114）、世界一の株式市場となりまし

図114 バブルの頃、日本の株式時価総額は米国の1・3倍もあった

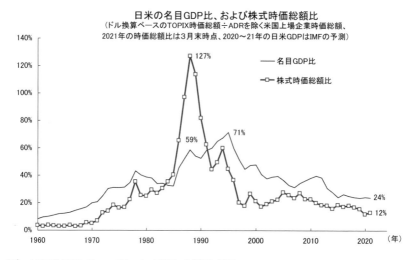

日米の名目GDP比、および株式時価総額比
（ドル換算ベースのTOPIX時価総額÷ADRを除く米国上場企業時価総額、
2021年の時価総額比は3月末時点、2020〜21年の日米GDPはIMFの予測）

（データ出所）FRB：Flow of Funds、東証、内閣府、IMF

た。日本の名目GDP（国内総生産）は米国の6割程度だっ
たにも関わらず、です。

　それが今や、日本株の時価総額は米国株の1割程度に
なってしまいました。1971年以来、実に51年ぶりの水準で
す。日本株の地位低下は世界株に対しても同じで、コロナ
禍が蔓延した2020年以降、その傾向は加速しています。
　このところの円安で、日本のドル換算後の名目GDPは米
国の15％にまで縮小しているのですから、地位低下自体は
仕方ないのかもしれません。

図115 日米の株価格差はマネーサプライ格差でもある

日米の株価比率とマネーサプライ比率

（データ出所）FRB、日銀

　それにしてもなぜ、日米の株価にここまでの差が生じた
のでしょうか。

▪ 日本の停滞期、米国にはIT化と軍需拡大の波

　ヒントは両国のマネーサプライ（M2）の比率と株価比率
とがほぼ連動していることです（図115）。マネーサプラ
イは通貨供給量を意味しますので、企業など借り手の資金
需要が大きければ、その増加度合いも大きくなります。つ
まり日米の「資金需要＝景気」の差違が株価に反映してい
るということです。

　過去を振り返ると、1990年に日銀が金融を引き締めたこ

図116 90年代後半の日本は金融危機でマネーサプライ伸び率が低下

日米のマネーサプライM2伸び率

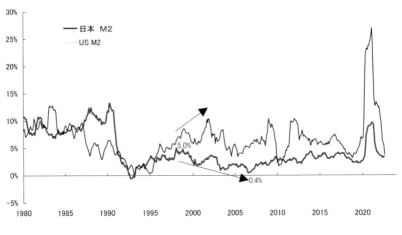

（データ出所）日銀、FRB

とでバブルが崩壊し、日米の株価比率のベクトルは反転しました。

　しかし、両国のマネーサプライの伸び率の向きが変わるのは1995年からでした（**図116**）。日本では金融危機の発生で銀行貸出にブレーキがかかったのに対し、米国はIT化の進展と同時多発テロ後の軍需拡大が景気をリードしたのです。

　もう一つの視点は物価上昇率の差です。そもそもマネーサプライは物価と深い関係にあり、マネーサプライの伸び率が高くなれば物価の伸びも高くなる傾向があります。

▪ **「実質株価」でみると日本は健闘？**

　そこで、株価を消費者物価指数で割った「実質株価」を算出し、2001年を起点に日米欧で対比すると、なんと日本株の上昇度合いは米国株を上回っているのです（**図117**）。

　数字上の遊びと言えばそれまでですが、日本株の実力は米国株に劣っているわけではなさそうです。この先、何らかの要因で日米のマネーサプライの伸び率が逆転するなら、日本株は米国株を押しのけて、1990年以前のように世界の脚光を浴びるかもしれないのです。

　とはいえ今はその時期ではなさそうです。海外の投資家は日本株に見切りをつけているのが実態です。

　筆者が気になっているのは、日本株の時価総額をドル建てでみると、2020年3月の安値を下回り、これまでの下値支持線をも割り込んだことです（**図118**）。

▪ **場外取引でも売りに回った外国人**

　実際、日経平均株価はドル換算ベースで高値から37％も下落しており、その過程で外国人投資家は日本株を大量に売り越しています（**図119**）。

　それも、目立たぬよう場外取引で処分しているのです。場外取引での売越額は今年8月22日から9月30日までの6週

図117 実質株価（株価÷CPI）でみると、日本株の上昇率は米国株を凌駕

CPI修正株

日米欧の株価をCPIで割り引いて対比すると…
（各国株価指数／各国CPI、2001/1=100）

- 日経225
- S&P 500
- 欧州600種

（データ出所）Eurostat、米労働統計局、総務省

図118 ドル建てでみた日本株は重要なサポートラインを切った

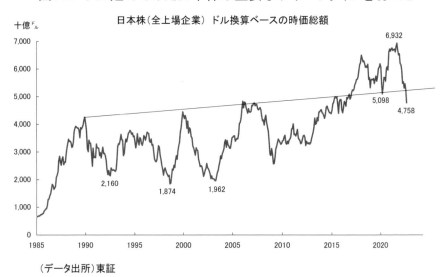

十億ドル

日本株（全上場企業）ドル換算ベースの時価総額

（データ出所）東証

図119　ガイジンはドル換算で4割下落の日本株を大量に売却してきた

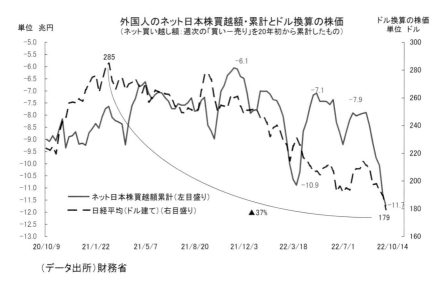

外国人のネット日本株買越額・累計とドル換算の株価
（ネット買い越し額：週次の「買い－売り」を20年初から累計したもの）

（データ出所）財務省

間で2兆5000億円にのぼります。ちなみに取引所内での取引を含めた売越額総計は3兆8000億円です。

　では外国人はなぜ日本株の保有を減らしているのでしょうか。

・**中国株に連動する外国人の日本株買い**

　様々な要因があると思いますが、筆者が注目するのは中国株との関係です。中国株のピークは2015年で、そこは外国人の日本株買い（一定期間の週次購入額の累計）のピークでもありました。そしてその後は、中国だけが新型コロナ感染症の抑え込みに成功した（ようにみえた）一時期を

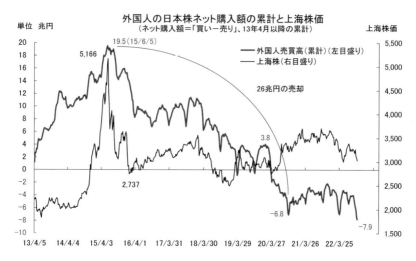

図120 ガイジンは上海株の下落をみて日本株を併せ切りした？

外国人の日本株ネット購入額の累計と上海株価
（ネット購入額＝「買いー売り」、13年4月以降の累計）

単位 兆円　　　　　　　　　　　　　　　　　　　　上海株価

- 外国人売買高（累計）（左目盛り）
- 上海株（右目盛り）

19.5(15/6/5)

5,166

26兆円の売却

3.8

2,737

−6.8

−7.9

13/4/5　14/4/4　15/4/3　16/4/1　17/3/31　18/3/30　19/3/29　20/3/27　21/3/26　22/3/25

（データ出所）財務省、ブルームバーグ

除くと、中国株の下落に連動して外国人の日本株買いの額が減少しているのです（**図120**）。

　このことは、日本企業の業績は中国経済に影響される度合いが大きいと外国人投資家がみていることを示しているのではないでしょうか。

　その中国株ですが、香港市場に上場する中国企業の株価（H株指数＝ハンセン中国企業株指数）はこの1年半で半値になっています。これでは東京市場でも外国人売りが止まりそうにない、ということになるのです。

第 IX 章

2023 ～ 24年の為替はこうなる

　✧　この章では為替の先行きについて考察したコラムを集めました。筆者の基本的な考えですが、世界的な株安が到来する際にはやはりドルが売られると思うのです。ドル円でいえばチャート上の節目である120 ～ 125円くらいまでは十分ありそうです。

　しかし、その後は円安が止まらなくなるのでなるのでは？という恐れを抱いています。かつて円が強かった時代は巨額の貿易黒字が円高の根拠でしたが、いまは貿易赤字に転じてしまいました。それでも投資収益も含まれる経常収支はまだ黒字ですし、主に米国債で構成される外貨準備も1兆ﾄﾞﾙと世界2位の水準なので、利上げをしなくても150円程度の円安で済んでいるという見方も可能でしょう。

　しかしながら、日本の対外資産の大半を占める米国債の価値がインフレで目減りすると、円の信用も揺らいでしまいます。それ以上に筆者が恐れているのは、ウクラ

イナ戦争がエスカレートしてロシアと欧州が戦争状態に
なることです。その場合は日本もロシアの隣国ですから
脅威にさらされてしまいます。筆者が2023年の後半あた
りから円安が止まらなくなるのでは？と見るのはこのた
めです。

　ユーロについては円以上に悲観的にみており、23年末
までに1ユーロ＝0.6まで低落する可能性があるとみてい
ます。これはウクライナ戦争の影響によるものですが、
この戦争を止めさせない限り、エネルギーの供給制約に
より欧州経済は瀕死の状態に陥ります。そうなると欧州
の資本は米国に流れ、欧州連合（EU）の崩壊とユーロの
終焉をみることになりそうです。

　ウクライナ戦争の帰趨について考えると、ロシアが
勝った場合は、ウクライナに肩入れしていた米国の権威
が失墜し、その国際的な影響力は失われることでしょう。
また欧州の銀行がウクライナへ貸していたお金は焦げつ
き、金融危機に発展することも考えられます。ゼレンス
キー・ウクライナ大統領の立場を考えると、何が何でも
NATOの参戦を促したいはずです。筆者が第三次世界大
戦になるのではと危惧するのはこのためです。更にマズ

イのはロシアが負け場合で、現在のロシア国家は崩壊し、民族ごとに分断した小国が大量に誕生する可能性がでてきます。ロシアから派生する小国はいずれも核を保有しているわけで、世界はいま以上に混沌とした状態になるでしょう。

新約聖書　ヨハネの黙示録

1201〉また、大いなるしるしが天に現れた。一人の女が太陽を着て、足の下に月を踏み、その頭に十二の星の冠をかぶっていた。（筆者注：十二の星の冠はユーロの旗）

1202〉この女は子を宿しており、産みの苦しみと悩みとのために、泣き叫んでいた。

1205〉女は男の子を産んだが、彼は鉄の杖をもってすべての国民を治めるべき者である。

＜円安は構造的な問題、人口動態の隘路が「円」の評価を下げている＞

JBpress…2022/8/3　金の民間保有も日本の購買力低下を映す

▪ 21世紀に入って民間の金保有が減少

世界的なインフレが話題になり、注目されている資産があります。金です。世界の中央銀行や公的機関は、外貨準備資産として金の保有量を積み増してきました。背景には、大規模な金融緩和で基軸通貨である米ドルの供給量が膨らみ続けたことも大きな要因として挙げられるでしょう。

では日本の金の保有動向はどうなっているのでしょうか。

20世紀以降の統計を振り返ると、日本の公的金準備量は第一次大戦を挟んで急増し、1925年には866トンに拡大しました（図121）。ところが、その後の世界恐慌の影響と、戦争、そして敗戦で全てを失います。1950年にはわずか6トンにまで減少しました。

戦後、経済復興が始まると再び盛り返します。1978年は746トンと、戦前のピークまであと一歩まで回復しました。だが、その後は他の先進国と同様、金準備量はほとんど増加していません。2021年は846トンです。

代わりに増えたのは民間の金保有です。きっかけは1986年の天皇御在位60年記念金貨の発行でした。この年、政府は600トンの金を輸入しました。その後も輸入超過の状況が続き、1978年からの22年間で約3800トンの金が日本に流入しました。

図121 日本の公的金保有量は戦前の水準に及ばない

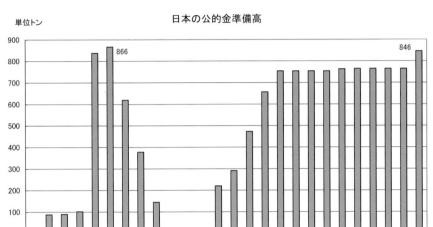

単位トン

日本の公的金準備高

（データ出所）World Gold Council

　それが21世紀に入って状況が一変します。2021年末まで
の20年間でその4分の3相当量を失っているのです。

▪ 25 〜 64歳人口は2004年をピークに減少

　主因は購買力のある勤労者世代の人口減です。図122を
見てください。25 〜 64歳人口と金の累積輸入量の推移を
示しています。グラフからは両者が相関していることが分
かります。20世紀の終わり頃までは、ネットで見た金の累
積輸入量は増加してきました。

　ところがその後、反転します。25 〜 64歳人口は2004年
にピークをつけ、以降、2021年までに購買力がある年齢層

図122 購買力がある勤労者人口の減少とともに日本の金保有量も減少

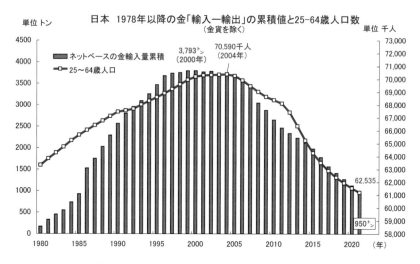

日本　1978年以降の金「輸入ー輸出」の累積値と25-64歳人口数
（金貨を除く）

単位 トン

単位 千人

- ネットベースの金輸入量累積
- 25〜64歳人口

3,793トン
（2000年）

70,590千人
（2004年）

62,535

950トン

（データ出所）財務省、総務省

が約806万人、1割強も減少しました。それによって、国内では買い手が不足し、金が海外に流出したのです。

　このように働き盛り世代の人口減少は、日本経済をジワジワと衰弱させています。

　具体的にみてみましょう。国家の若さを計るうえで、逆依存人口比率という尺度があります。これは、生産年齢人口（15 〜 64歳）をそれ以外の人口（15歳未満＋65歳以上）で割ったものです。

　この比率が高い（生産年齢人口の割合が多い）ほど社会全体の負担は軽く、経済は発展します。しかしいったんピークアウトした後は社会保障などに必要な債務が膨らみ、経

図123 逆従属人口比率はいつのまにか戦前の水準に戻ってしまった

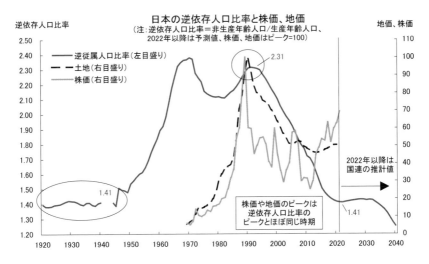

日本の逆依存人口比率と株価、地価
(注：逆依存人口比率＝非生産年齢人口/生産年齢人口、
2022年以降は予測値、株価、地価はピーク=100)

（データ出所）厚生労働省、国連、内閣府、東証

済活動が鈍化する傾向にあります。

　日本では1967年と1992年の2回にわたって逆依存人口比率がピークを迎えました（**図123**）。それらピークの近くで起きた証券不況（1965年）やバブル崩壊（1990年）は、市場が人口動態上の異変を察知した動きだったと言えるのではないでしょうか。

・実質実効為替レートと連動性も

　最初の方は、苦境に陥っていた山一証券に対する日銀特融を実施し、戦後初となる赤字国債を発行するなどして乗り切り、高度成長路線に回帰させました。しかし、2度目は

1992年は逆依存人口比率のピークに先立つ1〜2年前から株価や地価が落ち始め、その後の経緯は皆さんもよくご存じのことと思います。

つまり、日本経済が長らく低迷しているのは、逆依存人口比率の低下が原因です。マクロベースで見て、1992年は1人の非扶養者を2.3人の働き手が支えていました。ところが、いまは1.4人の働き手で支えなければならないのです。

例えば国民医療費は、1990年度は35兆円で、国民所得の5.9％でしたが、2020年度は42兆円、同11.2％に拡大しています。これでは他の消費に向かうお金の割合が縮小し、景気が上向くはずがありません。

昨今、注目の円安にしても、指摘される日米の金利差だけではなく、こうした人口動態が関係しているように思います。というのは、諸外国との貿易量と物価上昇率を加味した実質実効為替レート（インデックスのため、数値が大きいほど円高、小さいほど円安を意味する）を見ると、1995年にピークをつけた後、下落トレンドに転じ、その動きは逆依存人口比率の低下に連動しているように見えるからです（図124）。

・**扶養・被扶養の比率は戦前と同水準に**

興味深いのは、逆依存人口比率がこの30年間で劇的に低

図124 老齢化の進展に伴って円が弱くなってきた

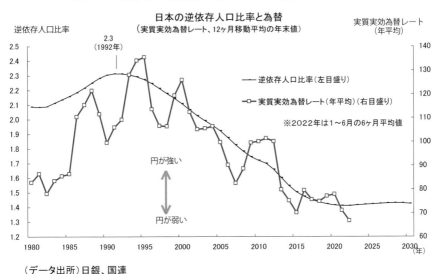

日本の逆依存人口比率と為替
（実質実効為替レート、12ヶ月移動平均の年末値）

逆依存人口比率

実質実効為替レート
（年平均）

― 逆依存人口比率（左目盛り）
―□― 実質実効為替レート（年平均）（右目盛り）
※2022年は1～6月の6ヶ月平均値

2.3
（1992年）

円が強い

円が弱い

（データ出所）日銀、国連

下した結果、戦前の水準に並んだことです（**図123…前出**）。戦前、国民が経済的な豊かさを享受できなかったのは、軍事費負担が重かったせいもあるのですが、それ以前に被扶養者である子どもの数が多すぎたことも影響しました。

　なにせ国民全体の半数以上が25歳未満でした。それだけ子供の数が多かったのです。若者人口（15 ～ 29歳）に限ってみても、国民全体の25％、つまり4人に1人が若者という時代でした。戦前の日本は10年に一度のペースで戦争や海外派兵を行っていました。若者主体の国ゆえ、良くも悪くもエネルギーが過剰で、為政者の頭の中には戦争で人

口過剰問題を解決しようという発想があったのではないでしょうか。

　戦後の高度成長は人口動態の好転でもたらされた側面があるのです。それが今度は、高齢者の数が多すぎることが原因で戦前と同じ人口動態上の隘路にはまりつつあるのです。

☰ ＜円安は既定路線だと思う今こそ為替ヘッジを入れるタイミングではないのか＞

JBpress…2020/9/9　1998年に酷似する為替相場、運用失敗を円安が糊塗しているうちに備えるべし
為替相場は、日本拓殖銀行や山一証券などの経営破綻を受け、金融危機が深刻化した1998年以来の水準に。

・金融機関の経営不安で円安となった1998年
　円安が止まりません。9月7日の外国為替市場では円相場が下落し、一時1ドル＝144円台をつけました。1週間で5円ほど下落したことになります。

　輸入物価を直撃する円安は物価の上昇をもたらします。8月の東京都区部の消費者物価指数（持ち家の帰属家賃を

除く総合）は前年比3.5％増と、消費税率引き上げの影響が
本格化した2014年9月以来の水準となりました。持ち家の
帰属家賃を除く物価は消費者の実感に近いと言われていま
す。米国のような急激な上昇ではないにせよ、日本でも物
価高が鮮明になっているのです。

　しかし日銀は量的緩和の維持を優先し、4年債以下の国
債利回りはいまだマイナス金利のままです。米2年債利回
りが4.4％台にある現状を鑑みると、米国株が大暴落でもし
ない限り、円安が止まらなくなるのではと思えてきます。

　振り返ると1998年も今日と同じような状況でした。96年
1月に105円台だったドル円相場は、日本の金融危機を背景
に、98年8月には147円台まで円安が加速したのです。

　その間の値動きをみてみましょう。97年4月末にいったん1ドル＝127円まで円安が進行しましたが、その後、6月
11日には111円台まで戻しました。これは4月下旬、日産生
命保険が生保会社として戦後初の経営破綻となり、それを
きっかけに国債が売られ（円金利が上昇）、日米金利差が縮
小したからです。

　その後は、97年11月に北海道拓殖銀行や山一証券が破綻
し、98年3月には日本長期信用銀行に公的資金が導入され
ました。金融機関の経営不安の拡大に伴い、ジワジワと円

安が進んでいったのです。そして98年8月11日には90年8月以来、8年ぶりに147円台をつけました。

▪LTCM破綻で為替相場は一気に反転

このまま円安＝日本売りが進むかと思われた矢先、大きな出来事が発生します。8月17日にロシアの財政危機が表面化し、債務償還の一時停止（モラトリアム）が発表されました。原油価格の低迷がロシア経済を直撃したことが要因です（98年6月のニューヨーク原油価格は11ドル台）。

この頃は原油以外の商品相場も下落していたので、1次産品の輸出に依存する新興国から米国に資金を移す動きが広がり、米金利は急激に低下することとなりました。

この頃、ノーベル賞学者が運用に携わる大手ヘッジファンドLTCM（ロングターム・キャピタル・マネジメント）はロシア国債など新興国の債券に投資し、米国債を空売りする逆バリ投資をハイレバレッジで行っていました。

ところがロシア危機でそうした積極策が裏目に出てしまい、米国経済を揺るがすほどの経営危機が表面化したのです。このため米国株や為替は動揺し、その影響で3カ月弱の間に108円台まで円高ドル安が進行したのでした。

特に劇的だったのはドル安第2波ともいえる98年9月30日から10月9日にかけてで、わずか7営業日で136円45銭か

図125　日銀介入では円高にならなくてもNY株下落なら一気に円高になる

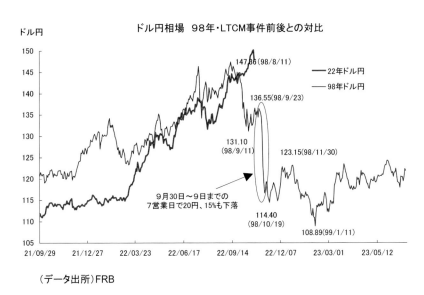

（データ出所）FRB

ら116円60銭（終値ベース）と20円、約15％も円高ドル安
になったのです（**図125**）。

▪打ち合わせが終わったら4円も円高に

　当時、筆者は銀行の為替ストラテジストでした。取引先
に行ってドル円の見通しを説明している間に4円も円高に
振れて、絶句した記憶があります。

　そんな四半世紀も前の話をしたのは、当時のドル円と現
在のチャート形状が似通っているからです。

　もちろん、形が似ているからといって今後も同じことに
なるとは限りません。またソ連崩壊の影響でデフレ基調に

あった90年代とは異なり、いまは商品相場が高止まりするインフレ基調にあるなど、現在とは相違点も多い。

　しかしドル円が高値をつける前に、米2年債と10年債の利回りが逆転する逆イールドになっていたことや（**図126**）、株価が下向き基調だったこと、中国など新興国から流出した資金が米ドルを押し上げていること、などの共通点があります。

▪ 機関投資家の失敗を日銀が「救済」

　何よりもドル円のチャートで長期（200週＝約4年）の移動平均線から約30％も乖離している（**図127**）点が似通っていると言えます。ちなみに乖離率が30％となる水準は147円であり、奇しくも98年の円安ピークと同水準です。

　いま公的年金を運用する年金積立金管理運用独立行政法人（GPIF）など、対外投資に積極的だった機関投資家は円安メリットを享受しています。2020年7月に0.5％台だった米長期金利が3.2％台に上昇したことに伴い、金利とは逆の動きをする米10年債先物価格はピーク比で17％も下落しました。同じく米国株もピークから17％安です。

　GPIFは外国債、外国株とも約50兆円ずつ投資しているので、本来なら17兆円の含み損を抱えているはず。しかし、

図126　LTCM事件の前も長短金利が逆転する逆イールドだった

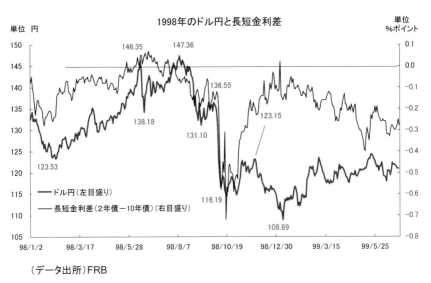

図127 ドル円は98年、14年に次いで200週移動平均線30%ラインに到達

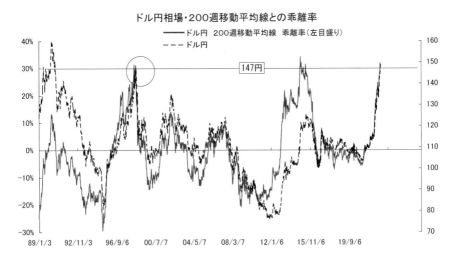

図128 円安のおかげで今は機関投資家の対外証券投資は安泰だが…

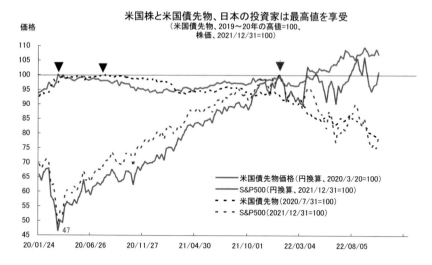

（データ出所）ブルームバーグ

このところの円安で、円換算後の米国債、米国株はともに高値を更新し（**図128**）、直近は含み損どころか4兆円の含み益となっている計算です。厳しい見方をするならば、公的年金などの機関投資家は投資で失敗したものの、利上げに消極的な日銀に「救済」されたと言えるでしょう。

とはいえ1998年の事例が示すように、投資はいつ何が起きてもおかしくありません。誰もが円安は既定路線だと思う今こそ、多少なりとも為替ヘッジを入れる時期にあるのでないでしょうか。このところの金利上昇で、巨額の含み損を抱えた「LTCM」予備軍はいくらでもあると思われる

からです。

≡ ＜邦銀のドル調達が円安を加速？　週刊エコノミスト2022/10/11＞

　韓国中銀は昨年から7回も利上げし、ウォン安を阻止するため為替介入を検討しているという。これに対し日銀は介入どころか、長期金利が一定水準を超えないよう国債を買い支え、円安進行を放置している。

　こうした日銀の姿勢を歓迎しているのは在日外銀で、低利の円資金をドルに換えて外債に投資する取引（円キャリートレード）を積極化している。外銀の負債残高増と円安が連動しているのはその表れで（**図129**）、彼等は円高にならない限り、内外金利差を享受出来る。

　円安が加速している要因は他にもある。2015年以降の対外・対内債券投資の累計額をみると、対外投資は71兆円で20年3月のピークから18兆円減だ。他方、対内投資は86兆円で15年から増加する一方だ。注目は「対外－対内」投資とドル円が連動していることだ（**図130**）。

　通常、対外投資の減少や対内投資の増加はどちらも円高要因だ。だが実際にはその反対に動いている。これは邦銀の海外店向けのドル調達が関係しているように思う。その

図129　在日外銀は円キャリートレードを急増させている

在日外銀の負債勘定合計とドル円
（負債勘定は22年8月末現在）

単位 百万円
ドル円

凡例：
その他共合計/負債
ドル円

（データ出所）日銀

図130「対外ー対内」債券投資の減少と円安が連動する訳は？

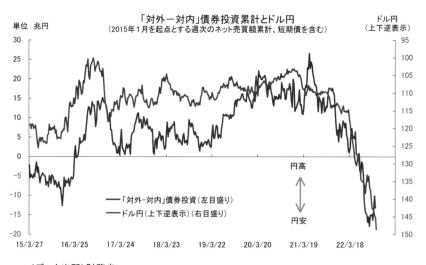

「対外ー対内」債券投資累計とドル円
（2015年1月を起点とする週次のネット売買額累計、短期債を含む）

単位 兆円
ドル円
（上下逆表示）

円高
円安

凡例：
「対外-対内」債券投資（左目盛り）
ドル円（上下逆表示）（右目盛り）

（データ出所）財務省

仕組みは次の通りである。

　外国人がわざわざ低利の円債を購入する理由は、邦銀にドルを売却した代金として得た円を運用するためだ。つまり、対内投資増とは邦銀がドルの購入を増やした裏面なのである。その邦銀は金利の上昇＝ドル逼迫をみて、ドル確保を急ぐと同時に、手持ちの余剰ドルで運用する外債投資を減らしたはずだ。対外証券投資の減少はこのためだ。

　この推察が正しいとしたら、もう100円を割る円高になることはないと思います。邦銀が急激に海外展開をすすめた結果、米銀にドルを依存する体質になってしまったからです。これでは米銀に生殺与奪の権を握られたも同然です。外銀からドルを調達して現地の企業に貸す邦銀のビジネスモデルは、低金利が続く間は良いですが、金利上昇局面では常にドルの調達を心配しなければなりません。ドル不足で金利が上がる間はまだしも、何らかの理由で邦銀にはドルを貸さないと言われたら、万事休すとなってしまいます。

　外銀から調達したドルを債券に投資しているなら、売却した時点で損失が確定しますが、貸出の場合はそうはいかず、かなり打撃が大きくなるリスクがあるのです。何やら太平洋戦争の時の軍部と同じで、邦銀は補給困難

な地点まで戦線を拡大し過ぎたような気がします。

＜3月危機を救ったFRBマネー　週刊エコノミスト 2020/6/16＞

　2020年2月下旬以降の金融市場は、米国株とドル円の動きで次の局面に分類される。最初は2月20日〜3月9日の局面で、株価下落に伴ってドル円は110円台から102円台に急落する。過去の米国株暴落時は、本邦投資家の外国証券売却で円高ドル安になるのが常であり、今回も同じだった。

　だが3月10日〜23日の局面は従来とは異なり、株価が急落する中で、為替は102円台から111円台に進む。これは外銀のドル貸し渋りに直面した邦銀等が、為替市場でコストが嵩む円売りドル買いを行ったからだろう。そして株安の加速は、ドル需要の逼迫で銀行間金利が上昇したことや、ドル不足を緩和すべく米国株等の売却を進めたからだと思われる。

　そんなドル調達難→株安の悪循環を断ち切ったのは、FRB（米連邦準備制度理事会）が3月19日に開始した海外中銀向けのドル資金貸与だった。以後、為替は落ち着きを取り戻し株価も回復する（図131，図132）。

　ここで注目は、FRBマネーの50%（2260億㌦＝24兆円）を

図131 2020年3月、邦銀のドル調達難で為替は乱高下した

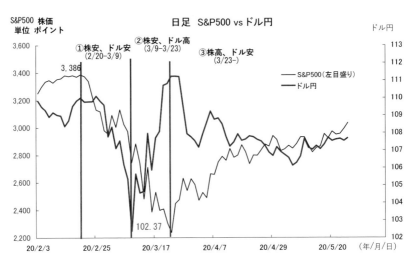

（データ出所）ブルームバーグ

図132 株売却でドル調達という流れを止めたNY連銀のドル貸出

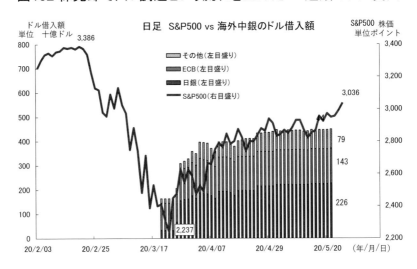

（データ出所）NY連銀

日銀が借用していることだ。それだけ邦銀のドル調達難が深刻なのだ。邦銀の対外投融資残（4・1兆㌦）は2015年に英国を抜いて世界一となった。だが、コロナ禍の影響で、今後も邦銀のドル調達に不安が残るとしたら、その生殺与奪の権はFRBに握られたも同然だ。

ᵒᵗ 戦後の英国は債務返済に苦しみ、ポンドが恒常的に安くなっていきました。敗戦国だった日本やドイツは超インフレで債務を切り捨てることが出来たのですが、戦勝国だった英国はそういう訳にはいかず、資産を切り売りする状況でした。そんな状況が北海油田の操業が本格化するまで続いたのです。

＜英国の戦後を苦しめた債務の重み　週刊エコノミスト　2019/5/21＞

　戦前の日本、英国、米国の公的債務比率（公的債務÷名目国内総生産）は、日露戦争や第一次大戦、第二次大戦で急増した。戦争は非常にカネがかかるため、その後の国家運営に大きな影響を及ぼす。

　例えば、1938年のミュンヘン会談で英国がヒトラーに譲歩しなければ第二次大戦は回避できたとされる。だが、当

時の英国は第一次大戦時の債務で財政的余裕が乏しく、宥和政策を取らざるを得なかったのだ。チェコのズデーデン割譲を要求するヒトラーにしても、真の狙いはチェコが保有する金塊だった。もっとも、大戦勃発後は各国とも中央銀行が国債を引受けたので、戦時中は金利を上昇させずに戦費を捻出できた。

　明暗が分かれるのは戦後だ。米国はGDPの急増、ドイツや日本は超インフレで債務比率が正常化した。これに対し英国は、不景気とインフレが続く「欧州の病人」に低落した。戦後の債務返済過程でポンドは戦前の4分の1に減価、物価は14倍に上昇したからだ（**図133**）。株価は戦後40年間で、物価とほぼ同率の14.5倍に値上がりしたが、ドル建てでは4倍増にとどまる（**図134**）。そんな状態が北海油田の操業が本格化する84年頃まで続いた。

　いま日本の公的債務比率は237％。戦争をしていないのに74年前の英国に接近している。日本もこの先、円安や物価高に悩まされるのだろうか。

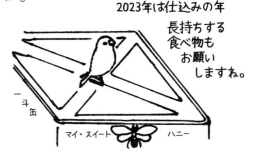

2023年は仕込みの年
長持ちする食べ物もお願いしますね。
一斗缶
マイ・スイート　ハニー

図133 過大な債務を返済する過程で長期に亘るポンド安が進行

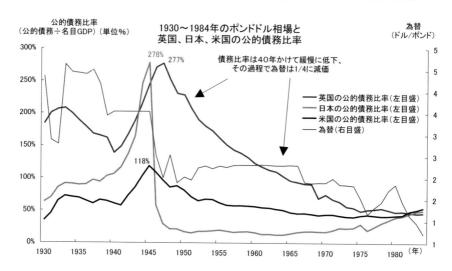

公的債務比率
（公的債務÷名目GDP）（単位%）

1930～1984年のポンドドル相場と
英国、日本、米国の公的債務比率

為替
（ドル/ポンド）

278%　277%

債務比率は40年かけて緩慢に低下、
その過程で為替は1/4に減価

118%

英国の公的債務比率（左目盛）
日本の公的債務比率（左目盛）
米国の公的債務比率（左目盛）
為替（右目盛）

（データ出所）イギリス歴史統計、アメリカ歴史統計、日本長期統計

図134 戦後、英国のドル建て株価は40年間で4倍にしかならなかった

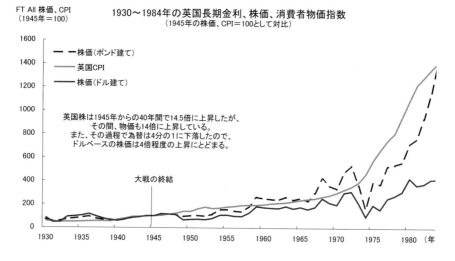

FT All 株価、CPI
（1945年＝100）

1930～1984年の英国長期金利、株価、消費者物価指数
（1945年の株価、CPI＝100として対比）

株価（ポンド建て）
英国CPI
株価（ドル建て）

英国株は1945年からの40年間で14.5倍に上昇したが、
その間、物価も14倍に上昇している。
また、その過程で為替は4分の1に下落したので、
ドルベースの株価は4倍程度の上昇にとどまる。

大戦の終結

（データ出所）イギリス歴史統計

≡ ＜Saudi dove in the oil shock: The Guardian：2001/1/14＞

https://www.theguardian.com/business/2001/jan/14/
globalrecession.oilandpetrol

2001年の英ガーディアン紙、サウジ元石油相ヤマニ氏インタビューのポイント

- オイルショックの背後には100%アメリカの存在がある。当時、石油会社は多額の借金で困っており、それを救うために石油価格の高騰が必要だった。

- 1974年のある日、サウジのファイサル国王はこう言った。「なぜ原油価格の引き上げに反対なんだ？キッシンジャーに聞いてみろ。彼こそ値上げを望んでいるのだ」と言った。

- ヤマニは、彼の長年の信念を証明するものが、最近、スゥエーデンの島で行われた秘密会議の議事録に現れていると主張する。そこでは英国と米国の高官が石油価格の400%上昇を組織的に行うことを決定していた（筆者注：北海油田が開発出来たのはオイルショックのおかげなのです）。

あとがき

　世界最大級のヘッジファンド、エリオット・マネジメント社は11月上旬、顧客に「世界は戦後最悪の金融危機に向かっている」と警鐘を鳴らした。「安価な資金の時代は終焉を迎え、金融は極度のストレスに晒されている。バブル崩壊で株価はピーク時の半値に向かい、『1987年や00年、08年の金融危機は何とかなった』という経験則は通用しない」と言う。同社は77年の設立以来、2回しか損失を出していない。

　米金融サイトGold Money.comも同様の警告を発している。「長期の金利低下局面が終わった今、600兆ドル規模のデリバティブ解消過程で、金融システムを揺るがす損失が発生する」というのだ。いわく「銀行の利益はバランスシート（B/S）の総資産と純資産の比率（レバレッジ）を拡大することで増える。世界の金融システム上、重要な30行の中で、最も高レバレッジの銀行は欧州と日本にある」。

　当地では長らくマイナス金利だったので、銀行は収益を確保しようと拡大路線に走ったのだ。だが、そんな高レバレッジ行の株価純資産倍率（PBR）は軒並み低水準で、市

場の評価は低い。実際、金利の急騰で、総資産の拡大戦略は裏目に出た危うい状況にある。件のサイトは「銀行規制緩和から40年、大崩壊には数ヶ月しかかからない」とまで言う。

　もし銀行が破綻の危機に瀕した場合、政府は国債を発行し、当該銀行に資本を注入するだろう。その国債は自国の中央銀行が量的緩和政策を再開して吸収することになる。

　ここで問題なのは、日銀やFRBはともかく、欧州中央銀行（ECB）にそれが出来るのか？ということだ。

　例えば、イタリアの銀行が危機に瀕し、一刻を争う状況になった時、ドイツ連銀などはECBがイタリア国債を大量に買い支えることをすんなり認めるとは思えない。そうなるとユーロに対する信認はなくなり、ユーロ圏は崩壊することになろう。2023年はそうした事態もあり得る。

　2023年は20年7月に底を打った金利が上昇に転じて3年目にあたる。エリオットが言うように、「これまでは何とかなったことも今後は通用しない」のかもしれない。しかし物事は最悪の事態を想定することで回避されることが多いともいう。そのことを信じて筆を擱くことにします。

次はこうなる
2023年

２０２３年１月９日　初版第１刷発行

著　者　　市岡繁男

発行所　　ＩＣＩ．アイシーアイ出版

　　　　　東京都豊島区千早３-３４-５

　　　　　TEL &FAX ０３-３９７２-８８８４

発売所　　星雲社（共同出版社・流通責任出版社）

　　　　　郵便番号１１２-０００５　東京都文京区水道１丁目３-３０

　　　　　TEL ０３-３８６８-３２７５　FAX ０３-３８６８-６５８８

イラスト　セイカ

印　刷
製本所　　モリモト印刷

ISBN ９７８-４-４３４-３１４２１-６

定価はカバーに表示してあります。